In Erinnerung an
Bernhard Labriola,
den großen Mann
des Ronachers

Gerhard Eberstaller

RONACHER

EIN THEATER IN SEINER ZEIT

EDITION WIEN

Vor- und Nachsatz: Stoff „HARLEKIN" nach einem Originalentwurf von Josef Hoffmann (1809)
aus dem Archiv der Fa. Joh. Backhausen & Söhne

ISBN: 3-85058-090-3
1. Auflage 1993

Umschlaggestaltung: Bruno Wegscheider
Innengestaltung: Dieter Josef
Satz: Universalsatz, Wien
Druck und Bindung: M. Theiss, Wolfsberg

93089/40/1

Inhalt

I. Der Maître de plaisir von Wien

Anton Ronacher (1841–1892)

Über das legendäre „Dritte Kaffeehaus" im k. k. Prater wissen manche Chronisten schwärmerisch zu berichten. Von der langen Reihe der an lauen Frühlingsabenden dorthin fahrenden Fiaker, denen die Herren in dunklen, mit breiten Borten benähten Anzügen und spiegelnden Zylindern oder in Offiziersuniformen, die Damen in langen Schleppkleidern entstiegen. Von den Tausenden, die hier unter dem Kerzendach der Kastanienbäume saßen, plauderten, lachten, flirteten, sich besprachen und soupierten. Und von den großen Militärkonzerten und den internationalen Künstlerprogrammen, die sehr lebhafte Akklamation fanden.

Das Dritte Kaffeehaus war ein Rendezvousplatz jener aus Adel, eingesessenem Bürgertum und aufgestiegenen Neureichen gebildeten Schichte der Gründergeneration, zu deren Lebensmaxime das Amüsement unabdingbar gehörte. So wie man sich mit geradezu sinnlicher Leidenschaft ins Geldverdienen stürzte, wurde man auch nach dem Vergnügen, nach Ausgelassenheit und Festesstimmung zusehends süchtig. Als nach der Niederlage Frankreichs im deutsch-französischen Krieg von 1870–1871 die Wiener Börse zur führenden auf dem Kontinent geworden war und zudem die Nachricht von der bevorstehenden Weltausstellung eine geschäftliche Hektik sondergleichen provoziert hatte, war ein geradezu fiebrig zu nennender Rauschzustand ausgebrochen. Ein dämonisches Verlangen, reich zu werden, hatte von vielen Menschen Besitz ergriffen. „Das Weltausstellungsjahr 1873 erschien vielen als unwirkliche und unrealistische Illusion." [1])

Friedrich Hirschberger, der Wirtschaftsführer und Koch bei Karl Schwender[2]) gewesen war, dem Besitzer der renommierten Vergnügungsetablissements „Neue Welt" (in Hietzing) und „Colosseum" (in Rudolfsheim), hatte das Dritte Kaffeehaus 1866 erworben und führte es in großem Stil. Das Dritte Kaffeehaus konnte dazumal bereits auf eine durchaus wechselvolle Geschichte zurückblicken, die bis zum Ende des 18. Jahrhunderts und auf ursprünglich 2 Lokale zurückreicht. So erfahren wir aus 1799 von einer Kaffeehütte und aus 1802 vom Wirtshaus „Zum grünen Gattern", das auch Joseph Richter in seinen „Briefen eines Eipeldauers an seinen Herrn Vetter in Kakran über d'Wienstadt" erwähnt. Hirschberger, wie zahlreiche andere vom Baufieber der Gründerjahre erfaßt, hatte das Etablissement anläßlich des Weltausstellungsjahres von Grund auf neu errichten lassen. Der Theatersaal, in dem die Vorführungen des „k. k. konzessionierten Hirschberger-Theaters" stattfanden, verfügte über ein Fassungsvermögen von rund 5.000 Personen.

Die Weltausstellung, für die Entfaltung Wiens in der zweiten Hälfte des 19. Jahrhunderts ein singuläres Großereignis, das trotz der nichterfüllten Hoffnungen nachhaltigste Spuren hinterlassen hat, sollte sichtbarstes Dokument des wirtschaftlichen Aufschwunges der Donaumonarchie sein. Die Spekulationen in der Vorbereitungszeit hatten jedoch ein so gigantisches Ausmaß erreicht, daß schon kurz nach der Eröffnung, als man erkennen konnte, daß das erhoffte große Geschäft ausbleiben würde, die Katastrophe eintrat. Hinzu kam, daß in Wien Fälle von Cholera aufgetreten waren, die den Zustrom der Fremden stark hemmten. Ein unrühmlicher Punkt war die geradezu krankhafte Gewinnsucht der Wiener Hoteliers. Als der Besuch weit hinter den gesetzten Erwartungen zurückblieb, veranstalteten etliche dieser Hoteliers in den Bahnhöfen förmliche Treibjagden nach den Gästen.

Der 1. Mai 1873, das lang und heiß herbeigesehnte Eröffnungsdatum der Weltausstellung, war ein naßkalter Tag. Ohne Unterlaß regnete es in Strömen, und über dem Prater jagten, einem unheilbringenden Omen gleich, vom Sturm gepeitschte düstere Wolken dahin. Der Boden vor und um das Ausstellungsgelände war so aufgeweicht, daß Menschen und Wagen immer wieder tief einsanken. In der für die Weltausstellung errichteten Rotunde war fast nichts fertig. „Im Innern fiel sofort die allenthalben sich preisgebende, nackte Unfertigkeit in unangenehmster Weise auf. Den noch feuchten Mörtel der Wände, den provisorischen Bretterboden, die improvisierten Galerien und Ständer vermochten selbst der üppige Blumen- und Pflanzenschmuck, der fast allen Glashäusern Wiens entnommen zu sein schien, auch nicht die prunkvoll ausgestattete kaiserliche Estrade, ebensowenig die allenthalben angebrachten Tapezierkünste zu verdecken."[3])

Nur etwas über eine Woche nach der Ausstellungseröffnung, am 9. Mai, kam es zum großen Börsenkrach. Schon einen Tag vor diesem „Schwarzen Freitag" waren 110, tags darauf 120 Insolvenzen gemeldet worden. In weiterer Folge gingen zahlreiche Banken, Versicherungsgesellschaften und Industrieunternehmen in Konkurs oder traten in Liquidation. Hatten 1873 in Wien noch insgesamt 72 Aktienbanken existiert, waren es 1874 nur mehr 28. Vermögen zerrannen in nichts, und Millionäre wurden über Nacht zu Bettlern. Es ist daher nicht überraschend, daß auch die Selbstmordstatistik einen steilen Kurvenanstieg auswies. Die Rotunde war „zum Mausoleum des wirtschaftlichen Aufschwunges der Gründerzeit"[4]) geworden.

Das Jahr des Börsenkrachs wirkte sich auch für das Dritte Kaffeehaus verheerend aus, so daß Hirschberger genötigt wurde, es kridamäßig feilzubieten. Seinem Nachfolger gelang es nur relativ kurzfri-

Franz Lehár dirigiert im Dritten Kaffeehaus im Prater die Kapelle des 26. Infanterieregiments des Großfürsten von Rußland.

stig, das Geschäft wieder in den Griff zu bekommen. Bereits 1877 mußte auch er aufgeben, und vom Gericht wurde ein Sequester bestellt.

Wenig später tritt eine entscheidende Wende in der Geschichte des Etablissements ein, das nunmehr von Anton Ronacher übernommen wird. Dieser Anton Ronacher ist so recht eine Gestalt der Gründerzeit, ein Mann, der sich aus kleinsten Verhältnissen in den Kreis der oberen Zehntausend hinaufkatapultiert hat. 1841 als Sohn armer Forstleute in Döllach in Kärnten geboren, war er vom unausgelernten Sattlergehilfen letztendlich zum Maître de plaisir von Wien aufgestiegen. Ronacher hatte in Klagenfurt das Hotel „Kaiserin Elisabeth" erworben, wurde dann Eigentümer des Cafés und Restaurants „Stadtpark" in Graz und übernahm in Marburg und Ödenburg Hotelbetriebe. Aber es drängte ihn nach Wien zu gehen, wo er nach dem Vorbild des Pariser Cafés „Concert" in der Taborstraße das Konzertcafé „Alhambra" ins Leben rief und dort Varietéprogramme zeigte. Hier soll Ronacher auch mit Johann Strauß ins Gespräch gekommen sein, der ihm angeblich den Kredit vermitteln half, mit dessen Hilfe er dann das Dritte Kaffeehaus erwarb. Schließlich hatte Ronacher auch das „Odeon" auf der Schottenbastei gekauft, das als „Ronachers Grand Etablissement" firmierte und einen Restaurantbetrieb mit Militärkonzerten, Bällen, kleineren Theateraufführungen u. a. m. verband. Anton Ronacher wird uns in vielen Berichten als eine mit den Insignien des Geldmagnaten ausgestattete Erscheinung geschildert. Als ein Herr mit dem Gehaben eines Grandseigneurs, der auf zahlreichen gesellschaftlichen Veranstaltungen nahezu nur im Frack und Zylinder zu sehen war. Der Habitué bei den Galopprennen in der Freudenau und Besitzer eines Rennstalles, der im eigenen Zeugl durch die Stadt kutschierte, muß die Gabe einer faszinierenden Überredungskunst besessen haben. Das Gründergenie, als das man ihn oft bezeichnet hat, war aber letztlich, wie etliche andere repräsentative Gestalten dieser Epoche, ein Hasardeur, der es sehr lange verstand, Finanziers für seine immer größer werdenden Projekte zu finden, deren Realisierung er denn auch mit einer geradezu manischen Obsession verfocht.

Unter Anton Ronachers Führung beginnt das Dritte Kaffeehaus bald wieder zu florieren. Dieser Ronacher gilt ja in der guten Gesellschaft als ein Mann, der stets abwechslungsreiche und niveauvolle Unterhaltung zu garantieren vermag, und so muß denn auch unter den Besuchern eine freudige Neugierde vorgeherrscht haben, was denn Wiens Maître de plaisir wieder Neues zu bieten hätte. Und Ronacher hatte – neben einer vielgerühmten Gastronomie – einiges zu bieten. So pflegte er u. a. die Operette und das Lustspiel und veranstaltete auch Varietévorstellungen. Auf dem Gebiet der Operette war es besonders Offenbach, dessen Werke hier öfters in Szene gingen.

Das Œuvre Offenbachs war in Wien von Anfang an auf stürmische Zustimmung gestoßen. Dieser Anfang war 1856 gemacht worden, als der Komiker Levassor und die Soubrette Madame Teisseire im Carltheater gastiert hatten und u. a. in den im Jahr vorher in den Bouffes-Parisiens uraufgeführten Stück „Die beiden Blinden" auftraten. Noch unter seinem Gründer war dann das Carltheater zur Spezialbühne Offenbachscher Werke geworden und unterlag mit dem Theater an der Wien und dem Theater am Franz-Josefs-Kai durch mehr als ein Dezennium einer regelrechten „Pariser Invasion". Die große Tradition des parodistischen Elements im Wiener Volkstheater hatte für die Offenbachschen Persiflagen ja auch einen entsprechenden Boden vorbereitet, und Offenbachs spritzige Musik löste eine Wirkung aus, die dem seinerzeitigen Rossini-Fieber durchaus vergleichbar war. Nach etlichen kleineren *Opérettes* und *Opéras bouffes* hatte Wien dann 1860 die abendfüllende Operette „Orpheus in der Unterwelt" (mit Nestroy in der Rolle des Jupiter) kennengelernt. Ein Ereignis, das zu einem Markstein in der Wiener Operettengeschichte wurde.

Als das Dritte Kaffeehaus Offenbach spielte, war der Offenbach-Taumel im großen und ganzen schon ausgeklungen. In Paris selbst war dies im wesentlichen mit dem Untergang des II. Kaiserreiches einhergegangen, in Wien wirkte die Pariser Operetten-Hausse länger nach und tat das ihrige, um nachhaltig auf die Wiener Operette auszustrahlen. Hier wurde der Bann Offenbachs weitgehend erst durch die 1874 uraufgeführte „Fledermaus" gebrochen, wobei viele erst später bemerkten, wieviel gerade „Die Fledermaus" Offenbach und seiner Epoche schuldete.

Daß sich Anton Ronacher in seinem Theater wiederholt dem Œuvre Offenbachs zuwandte, hatte vermutlich auch theaterpraktische Gründe, die im Rahmen seiner Möglichkeiten lagen. Dieser Rahmen war auf kleinere Stücke beschränkt. Die Aufführungen genossen einen guten Ruf, konnten sich aber mit dem Niveau der großen Wiener Bühnen, die auch weiterhin Offenbachoperetten spielten, nicht messen. Unter anderem wurden die Einakter „Die Hochzeit bei Laternenschein“ [5]) und „Salon Pitzelberger“ [6]) im Ronacherschen Theater gegeben.

Offenbachs satirische Verarbeitung der gesellschaftlichen Oberfläche müßte im Dritten Kaffeehaus angesichts einer spezifischen Publikumsstruktur auf entsprechende Resonanz gestoßen sein. Es darf allerdings nicht vergessen werden, daß Offenbachs gesellschaftskritische Anspielungen in Wien teilweise zensuriert wurden, wodurch sie an Biß verloren und möglicherweise auch nicht immer ganz verstanden wurden. Dennoch: Die prickelnde, den Puls der Zeit so sehr treffende Musik des Franzosen faszinierte auch hier das Publikum.

Andere Operetten, die im Ronacherschen Sommertheater zur Aufführung gelangten, sind heute nahezu vergessen, das gilt auch für ihre Komponisten, wie etwa Max von Weinzierl oder Alfred Zamara. Das gilt zwar nicht für Josef Hellmesberger jun., wohl aber für den Großteil seiner Werke. Der Junior, Hofkapellmeister und Ballettdirigent an der Hofoper, errang mit seinem Debüt im Ronacherschen Theater, nämlich der Operette „Kapitän Ahlström“, einen großen Erfolg. Erfolg hatte er auch mit seiner nächsten, ebenfalls hier uraufgeführten Operette „Der Graf von Gleichen und seine beiden Frauen“, durch die er allerdings mit der Zensur in Konflikt geriet, die dem Grafen nicht zwei Gattinnen erlauben wollte.

Wenn wir einen Blick auf das im Dritten Kaffeehaus gepflegte Sprechtheaterrepertoire werfen, müssen wir feststellen, daß es sich um heute vergessene Possen handelte, wie etwa „Die Universalerbin“ von Eduard Dorn, „Die Pfiffige“ von Wolf u. a. m. Es gab richtige Possenproduzenten, auch im Teamwork, wie die Kompaniefirma Krenn und Wolf, die hier mit etlichen ihrer Produkte – man muß es wohl so nennen – wie z. B. „Talmi-Hautevolee“, „Ein Loch im Boden“, „Die Liebe war schuld daran“ usw. vertreten war. Gebrauchsdramatik herrschte vor, die schnell und rationell für eine mehr oder weniger kurze Lebensdauer produziert wurde, und die sich in ihren Szenerien und Personenkonstellationen sehr ähnelte. Orientierungsvorbilder waren meist französische Farcen, und ein routinierter Autor mußte nur ein paar bestimmte Laden ziehen – der Erfolg war quasi vorprogrammiert.

Und dann waren da noch die Varietéprogramme, die neben den verschiedensten akrobatischen Darbietungen, neben Chansonetten, Grotesktänzern, pantomimischen Darstellungen u. a. m. im besonderen Maße auch Volkssänger präsentierten, die bald zu wahren Publikumslieblingen avancierten.

So waren die Duettisten Seidl und Wiesberg zum Zeitpunkt ihres Auftretens im Dritten Kaffeehaus bereits angesehene Künstler und zählten zu den prominentesten der Gilde der Volkssänger. Wilhelm Wiesberg, dessen richtiger Familienname Bergamenter lautete, war vor allem durch seine von ihm selbst verfaßten und vorgetragenen Lieder, in denen er auch zahlreiche Ereignisse des öffentlichen Lebens einer kritisch-heiteren Glossierung unterzog, populär geworden. Solche Ereignisse waren etwa der einen penetranten Gestank verbreitende Wienfluß, die Pferdestraßenbahn oder die sich nur sehr schleppend weiterentwickelnden Kanalbauten. Auch die zahlreichen originellen Gestalten, die Wien in Fülle besaß, boten willkommenen Stoff für Wiesberg, so „der Böhm", „der Krowot", der Rastlbinder oder die Bosniaken, die Fiaker und die Edelknaben, wie die Wiener das Hausregiment Hoch- und Deutschmeister Nr. 4 nannten. Aus Wiesbergs Feder stammen Texte zu Liedern wie „Das hat kein Goethe g'schrieb'n, das hat kein Schiller 'dicht'" oder „So a Kongoneger hat's halt guat", einer Satire auf die vielfältigen Zwänge, denen sich der „arme Europäer" im Vergleich zur angeblichen „Freiheit" der Schwarzen ausgesetzt sah.

Die zu ihrer Zeit sehr bekannten Duettisten Seidl und Wiesberg traten mehrmals im Dritten Kaffeehaus auf.

Auch Wenzel Seidl hatte es, bevor er sich mit Wiesberg zusammentat, als Volksbarde zu einem beachtlichen Renommee gebracht. Seidl und Wiesberg haben dann auch mit ihren Duetten, die sie im Dritten Kaffeehaus zum besten gaben, große Popularität einheimsen können, bekannt waren „Die Mondscheinbrüder" und „Schottenfelder Sonntagskinder" oder „Es damdam" mit stets aktuellen Strophen.

Der Volkssänger und Volksdichter Wilhelm Wiesberg (1850–1896). Etliche seiner Lieder werden auch heute noch gesungen.

Ferner gastierte bei Ronacher die Gesellschaft Krischke und Maier mit Leopoldine Kutzel, die mit beträchtlichem Erfolg als Lokalgröße des Brettls agierte und zum Kreise der „Pawlatschen-Divas" gerechnet wurde. Ganz Wien sprach, begeisterten zeitgenössischen Berichten zufolge, von der temperamentvollen Kutzel und ihren großen schönen Augen. Zu ihren humorvollen Liedern zählten „Soll i lachen oder wana?", „Hörn's auf, sonst muß i lachen" oder im besonderen „I bin ja net von Podiebrad, gar ka Spur, i bin a harbe Weanerin voll Hamur".

Auch Edmund Guschelbauer, der vor allem als der „Alte Drahrer" bekannt geworden ist, trat unter Ronachers Ägide im Dritten Kaffeehaus auf. „Der ‚Drahrer' als Begriff eines Menschen, der die Zeit umdreht und die Nacht zum Tag macht",[7]) hat sich durch Guschelbauers Interpretation des Liedes „Weil i a alter Drahrer bin" damals in der Wiener Umgangssprache eingebürgert. Welcher Stellenwert kam nun dem Sommertheater im Dritten Kaffeehaus im kulturellen Leben Wiens zu? Die Sommertheater mit ihren sich im wesentlichen aus Operette, Lustspiel und Varieté rekrutierenden Spielplänen haben etwa ab der Mitte des 19. Jahrhunderts eine wachsende und letztlich sehr wesentliche Rolle im Unterhaltungsangebot der Stadt gespielt, wobei der Prater einen bedeutenden Freiraum bot. Hier existierten ja auch das Erste und das Zweite Kaffeehaus, in denen ebenfalls Volkssänger und Artisten auftraten und Tanzveranstaltungen und Unterhaltungskonzerte stattfanden. Das Dritte Kaffeehaus und seine Programme fügten sich so in eine bunte Palette, der auch etliche andere Etablissements zugehörten, beispielsweise Drexlers Singspielhalle im Prater oder Drexlers Herculaneum auf der Wieden, Weigls Dreherpark in Meidling und Elterleins Casino in Hernals.

Aber kehren wir zu Anton Ronacher zurück, als einem Mann, den sein rastloser Ergeiz immer weiter treibt, der unter einem manischen Erfolgsdruck zu stehen scheint, ein euphorisch Besessener, dessen Überredungs- und Überzeugungskünste Erstaunliches vermögen. Noch steht ja sein ganz großer Coup bevor, der Bau jenes Hauses, das seinen Namen bis in unsere Zeit getragen hat und darüber hinaus tragen wird. Schon 1879 hatte die satirische Wochenschrift „Der Floh" Anton Ronacher als den „höchsten" Direktor Wiens bezeichnet. Damals war von ihm der weltbekannte Seiltänzer Blondin, der „Held

Links: Zu den artistischen Attraktionen des Dritten Kaffeehauses zählte auch die amerikanische Trapezkünstlerin Leona Daré.
Rechts: Den Auftritt des weltbekannten Seiltänzers Blondin 1879 in der Rotunde nahm die satirische Zeitschrift „Der Floh" zum Anlaß für diese Karikatur.

des Niagara", engagiert worden und in der Rotunde aufgetreten. Obwohl Blondin keineswegs der einzige gewesen war, der den Niagarafall auf einem Seil überquert hatte, wurde er dank einer fabelhaft inszenierten Publicity doch der renommierteste unter denjenigen, die diese tollkühne und artistisch in hohem Maße bewundernswerte Leistung vollbracht haben.

Am Nachmittag des 16. Mai 1884 gellen Feuerwehrsignale durch die Innere Stadt. Und sofort verbreitet sich die Schreckensnachricht: „Das Stadttheater brennt!" Noch ist das Entsetzen über den Ringtheaterbrand[8]) in der Bevölkerung höchst lebendig, die der Meinung ist, Brandkatastrophen würden sich durch die inzwischen getroffenen Vorkehrungen nun nicht mehr wiederholen. Bald erfährt man Näheres: Durch die Nachlässigkeit von zwei Kehrfrauen war im Gange des dritten Logenranges ein Feuer ausgebrochen, das gegen 15.30 Uhr entdeckt wurde. Die Meldung an die Zentralfeuerwehr kam viel zu spät, nämlich erst gegen 16.40 Uhr, wodurch die Rettung des Hauses nicht mehr möglich war. Nach fast zwei Stunden stürzte die Decke ein, und die Bühne fing Feuer.

Noch um Mitternacht schlagen die Flammen aus dem Gebäude, bis es endlich gelingt, den Brand zu löschen. Währenddessen stehen die Menschen dicht gedrängt in den Straßen und besprechen aufgeregt das Geschehene. In den frühen Morgenstunden dann, als sich die drohenden schwarzen Rauchwolken allmählich verflüchtigen, gleicht das Stadttheater oder das, was von ihm übriggeblieben ist, einer gespenstischen Ruine. Was noch steht, ist die Fassade, durch deren Fensterhöhlen man jetzt des Nachts den Mond wandern sieht. Darüber hinaus blieb lediglich der Flügel zur Himmelpfortgasse mit Läden, Betriebsräumen und Wohnungen unversehrt.

Ein Wiederaufbau des Theaters wurde aus Sicherheitsgründen nicht zugelassen, da das Gebäude nicht allseits frei stand. Trotz einer positiven Stellungnahme des Magistrates der Stadt Wien wurde das diesbezügliche Ansuchen von der Theaterlandeskommission zweimal abgelehnt und damit endgültig abgewiesen.

Anton Ronacher besaß nun im damaligen Ministerpräsidenten Graf Eduard Taaffe einen großen Gönner und mächtigen Förderer. Angeblich gehörte Taaffe auch zu den Besuchern des Dritten Kaffeehauses,

Etablissement Ronacher

I. Seilerstätte WIEN I. Seilerstätte.

Eigenthümer und Director: Anton Ronacher.

Heute Samstag den 21. April 1888

Eröffnungs-Vorstellung

deren Brutto-Erträgniss dem humanitären Zwecke der

Wiener Freiwilligen Rettungs-Gesellschaft

gewidmet ist.

PROGRAMM

I. Abtheilung:

1. „Freiwillige vor!" Marsch von Johann Strauss.

2. Fest-Ouverture von K. Kratzl.

3. Debut der Wiener Liedersängerin und ...on-Jodlerin

Frl. Mizi Marion.

4. Debut der Mus...

Messrs. Gaetano & Raffaele.

5. Debut der ...tschen Liedersängerin

Frl. Franziska Carina.

6. Debut der amerikanischen Leiter-Athleten

Messrs. Frederics, Gloss and La Van.

7. Debut der Wiener Duettisten

Schmutz u. Rück.

8. Debut des Fuss-Equilibristen

Professor John Patty.

10 Minuten Pause.

Die Direction erlaubt sich hiedurch ganz ergebenst auf die im Etablissement, Himmelpfortgasse, täglich von 3 bis 7 Uhr Nachmittags ausgestellte naturhistorische Abnormität

KRAO

das behaarte Mädchen

ganz besonders aufmerksam zu machen. Krao ist nach Darwin'scher Theorie das „fehlende Glied" in der Entwicklungs-Periode des Menschen.

Entrée per Person 50 kr.

Das Eröffnungsprogramm vom 21. April 1888. Der Programmzettel diente gleichzeitig als Serviette.

Franz Tewele (1843–1914), populärer Schauspieler des Stadttheaters

Katharina Schratt (1855–1940) als Goethe in Karl Gutzkows Stück „Der Königsleutnant"

und hier mögen, wie es verschiedentlich behauptet wurde, jene ersten Gespräche zwischen dem Ministerpräsidenten und Ronacher geführt worden sein, die es letztlich mit sich brachten, daß dieser den Baugrund mit der Ruine erwerben konnte, um dort ein internationales Varieté zu errichten.

Dabei wäre das Schicksal Ronachers, der in der Öffentlichkeit großes Ansehen genoß, fast besiegelt gewesen. Am 30. August 1885 war nämlich in etlichen Wiener Zeitungen eine Erklärung des angesehenen Wiener Brauherrn Anton Dreher erschienen, in der dieser u. a. ausführt, daß er Anton Ronacher schon wiederholt mit bedeutenden Darlehen ausgeholfen und ihm schließlich durch Abkauf der Einrichtung seiner Restauration in der Schottenbastei sowie seiner Grundstücke im Prater vor dem finanziellen Untergang gerettet habe, wohin ihn seine Schuldenlast zweifellos getrieben hätte. Durch günstige Pachtbedingungen wäre Ronacher in die Lage versetzt worden, die Betriebe weiterzuführen. Wörtlich hieß es darin weiter: „Herr Ronacher … versprach, sich ganz den Geschäften zu widmen und keine Schulden mehr zu machen. Er hielt aber dieses Versprechen nicht, machte abermals Schulden und stellte im Juni dieses Jahres an mich das Ansinnen, ich möge ihm ein Darlehen von

Anton Ronacher. Karikatur als Hahn von Laszlo von Frecskay in der Zeitschrift „Die Bombe“, 1886

35.000 fl gewähren. Als ich dies abschlug, verwandelte sich der ‚ewig dankbare' Herr Ronacher in einen erbitterten Gegner. Er drohte mit einer Anzeige wegen angeblicher Maßverkürzung und führte diese Drohung auch wirklich aus."[9]) Die k. k. Staatsanwaltschaft mußte sich mit dem Falle beschäftigen, bis nach umfassenden Erhebungen, nach Vernehmung von Zeugen und Anhörung von Sachverständigen und Vertretern der einschlägigen Interessengemeinschaften die Anzeige „mangels jedes objektiven und subjektiven Tatbestandes zurückgewiesen" wurde.

Eine Weile war es nun still um Anton Ronacher. Eine Weile, in der er freilich rastlos tätig war, um alsbald mehr denn je in aller Munde zu sein, als Mann des Tages und König des Wiener Varietés.

Anmerkungen:

1) Roman Sandgruber, Der große Krach. In: Traum und Wirklichkeit. Wien 1870–1930. Wien 1987, S. 68
2) Carl Schwender, ein ehemaliger Zahlkellner, hatte in Hietzing einen alten Herrschaftsbesitz erstanden und diesen zu einem renommierten Sommervergnügungsetablissement ausgestaltet. Im heutigen 15. Bezirk (Mariahilfer Straße–Schwendergasse) hatte er ferner einen ehemaligen Kuhstall zu einem großzügigen Vergnügungslokal – dem „Colosseum" – umgebaut. Das Etablissement „Schwenders Colosseum" oder auch „Der Schwender" genannt, enthielt eine Bierhalle, Restaurationsräume, Tanzsäle, ein Kaffeehaus, ein Hotel sowie ein Theater mit einem Fassungsraum von rund 500 Personen. „Der Schwender" galt zeitweise als das populärste Ballokal Wiens.
3) Bericht des Wiener Bürgermeisters Cajetan Felder, zitiert nach Pemmer-Lackner, Der Wiener Prater einst und jetzt, S. 219
4) Fred Hennings, Ringstraßen-Symphonie 2. Satz. 1870–1884, S. 47
5) Französischer Titel: „Le Mariage aux lanternes". Der heutige gebräuchliche Titel ist jedoch: „Die Verlobung bei Laternenschein" oder „Die Verlobung bei der Laterne".
6) Französischer Titel: „Monsieur Choufleury restera chez lui le ..."
7) Josef Koller, Das Wiener Volkssängertum in alter und neuer Zeit, S. 90
8) Das Wiener Ringtheater (Komische Oper) brannte am 8. Dezember 1881 ab.
9) Zitiert nach Hans Bujak: Anton Ronacher. In: Radio Österreich, Heft 52

II. Das Stadttheater

Katharina Frank (1847–1918), Schauspielerin am Stadttheater

Das durch den Siegeszug der Industrialisierung in der sogenannten Gründerzeit erstarkte, dem wirtschaftlichen Liberalismus huldigende Bürgertum empfand es als absolute Notwendigkeit, einer kulturellen Repräsentationspflicht nachzukommen, die auf dem Gebiet des Sprechtheaters nur verhältnismäßig geringe Entfaltungsmöglichkeiten bot. Was dieses österreichische Bürgertum grundlegend von jenem in Frankreich oder England unterschied, war ja, daß es nicht vermochte, den Adel zu verdrängen oder sich weitgehend mit ihm zu verschmelzen.[1]) Es existierte ein latentes Ohnmachtsgefühl, das zu seiner Überwindung das Verlangen nach einer Verbindung mit dem Adel auslöste. Die direkte gesellschaftliche Aufnahme in den alteingesessenen Adel war freilich relativ selten, die Nobilitierung bewirkte nicht automatisch Hoffähigkeit. So wurde denn die Assimilation auf einem anderen Weg, nämlich dem der Kultur erstrebt.[2]) In der Architektur vollzog sich diese Angleichung an die adelige Kultur sehr äußerlich, ohne gewachsenen historischen Bezug, in einer langen Reihe mehr oder weniger pompöser Bauwerke. Formales Vorbild war das Adelspalais der Barockzeit[3]), das den neuen Bedürfnissen der Ringstraßen-Gesellschaft angepaßt wurde. Der zweite Weg war der zum Theater hin, und dieser konnte sich im Unterschied zur manischen Baubesessenheit auf eine durch das Wiener Volkstheater gebildete starke Tradition stützen.

Im viel zu kleinen Hofburgtheater am Michaelerplatz war durch ein gefestigtes Abonnementsystem die Vergabe von Logen und Sperrsitzen oft auf Generationen gebunden, so daß es der neu etablierten Gesellschaftsschichte dort nur in beschränktem Maße möglich war, in

Erscheinung zu treten. So wurde der Gedanke an die Errichtung eines neuen Theaters geboren, zumal mit Heinrich Laube der mögliche Leiter auf den Plan trat. Laube war von 1849–1867 Direktor des k. k. Hofburgtheaters gewesen und hatte dort bei seinem Antritt eine ziemlich triste Situation vorgefunden. So hatte es an sorgfältig ausgefeilten Inszenierungen gefehlt, das Ensemble war überaltert und das Publikum hatte sich zu großen Teilen verlaufen. Laubes überragende Leistung für das Burgtheater lag nun im Aufbau, im besonderen auch in der Verjüngung seines Ensembles und parallel dazu in einer enormen Intensivierung der Probenarbeit. Laube war ein ausgesprochener Talente-Entdecker, und so ist denn auch die Anzahl der von ihm für das Burgtheater gewonnenen Schauspielkräfte sehr beachtlich. „Einen guten Schauspieler hole ich mir selbst vom Galgen", lautete seine Maxime.[4]) Charlotte Wolter, Marie Seebach, Ludwig Gabillon, Adolph Sonnenthal, Josef Lewinsky und andere gehen auf das Konto seiner Ära. Laube, der selbst oft Regie führte, ging in seinen Inszenierungen primär vom Wort aus, wobei er eine möglichste Schlichtheit des Sprechens anstrebte. „Das einfache Wort, das gesprochene Wort ist die Waffe des Schauspiels, eine Waffe, die sich zunächst an den Verstand des Publikums wendet",[5]) heißt es in Laubes programmatischer Erklärung. Laubes Jahresrepertoire umfaßte zwischen 130 und 150 Stücke, was angesichts der intensiven Probenzeit ein fast unvorstellbares Pensum darstellt. Er selbst schreibt in seinem Burgtheaterbuch, daß er während seiner Direktionszeit das umfassendste Repertoire nicht nur in Deutschland, sondern in Europa geboten habe.

Durch Laube, der auch als ein großer Erzieher des Publikums wirkte, war das Burgtheater zweifellos zur ersten Bühne im deutschsprachigen Raum geworden. Obwohl es noch wenige Jahre vor Laubes Abgang vom Burgtheater in einem Bericht der vorgesetzten Hofbehörde an das Finanzministerium geheißen hatte, daß sich das Hofburgtheater „unter Laubes trefflicher Führung zur ersten Anstalt Deutschlands gehoben habe und die brillanten Einnahmen größtenteils sein Verdienst sind",[6]) vergällte man ihm nach rund 18jähriger Tätigkeit sein Amt so sehr, daß er seine Demission einreichte. Ursache dafür war, daß der erzkonservative Obersthofmeister Prinz Hohenlohe, der mit dem Liberalen Laube nicht unmittelbar in Kontakt stehen wollte, eine neugeschaffene Generalintendanz installiert und als

Generalintendanten den sehr ehrgeizigen Dichter Friedrich Halm eingesetzt hatte, der in die Kompetenz Laubes fallende Rechte wie Spielplangestaltung und Rollenbesetzung beschneiden wollte.

Als Heinrich Laube 1870 aus Leipzig, wo er die Leitung des Stadttheaters innegehabt hatte, wieder nach Wien zurückkehrte, bewarb er sich neuerlich um die Direktion des Hofburgtheaters. Da seine Rückkehr dorthin dem Hof nicht genehm war – dieser bevorzugte inzwischen Franz von Dingelstedt – beabsichtigte Laube die Schaffung eines vor allem für das gebildete Bürgertum bestimmten Privattheaters, das in seinem künstlerischen Spielraum von höfischen Rücksichten unabhängig wäre. 1871 wurden die Architekten Ferdinand Fellner sen. und jun. mit der Errichtung dieses neuen Theaterbaues, des Stadttheaters, beauftragt. Die Baufläche bildete ein Eckgrundstück in der Inneren Stadt, umgeben von der Seilerstätte, der Himmelpfortgasse und der Schellinggasse. Für das Theaterunternehmen wählte man die Rechtsform der Aktiengesellschaft, wobei dem Aktionär ein erblicher unkündbarer Platz im Theater, der Anspruch auf Dividende sowie durch die Hauptversammlung das Recht auf Mitbestimmung gesichert wurden. Max Friedländer, Chefredakteur der „Neuen Freien Presse", der das Konzept für die Aufbringung der Mittel für den Bau entworfen hatte, konnte Laube schließlich noch im Planungsstadium für die Leitung des Hauses gewinnen.

Heinrich Laube (1806–1884)

Wie zahlreiche andere Bauten war auch das Stadttheater in seinem Erscheinungsbild von der Annäherung von Bürgertum und Adel geprägt und visualisierte so eine der wichtigsten gesellschaftlichen Tendenzen der liberalen Ära. Bezeichnend ist auch die Lage des Theaters, die Nähe zum Ring, der ja für die in seinem Umkreis wohnende

Wiener Elite, für Adel, akademische Berufe, das hohe Beamtentum und Großkaufleute eine faszinierende Anziehungskraft ausübte.

Der Theaterraum war in den Farben Weiß, Rot und Gold gehalten. Die Bildhauerarbeiten wurden von Fritz Meixner, die Deckenbilder von Heinrich Schwemminger entworfen. Der eiserne Vorhang aber, mit einem Motiv aus dem Sommernachtstraum, stammte von dem sinnenbetörenden Zauberer der Epoche, von Hans Makart.

Die satirische Zeitschrift „Die Bombe" witzelte über das Konsortium von Finanzleuten, das unter der Leitung des schwerreichen Barons Friedrich Schey Laubes Theater geschaffen hatte: „Schon um seiner schönsten Gründung, um der des demokratischen Burgtheaters an der Seilerstätte willen, hätte es Baron Schey verdient, in den Bürgerstand zurückerhoben zu werden."[7])

In der Zeit des Bestehens des Stadttheaters, sonach also vom 15. Sept. 1872 bis 15. Mai 1884 fanden hier 3.788 Vorstellungen statt, wobei insgesamt 479 Stücke aufgeführt wurden. Dabei waren 147 Autoren aus dem deutschsprachigen und 91 Autoren aus dem nichtdeutschsprachigen Raum vertreten.

Ansicht vom Stadttheater. 1884 durch einen Brand weitgehend zerstört, wurde die Ruine 1887 von Anton Ronacher gekauft.

Dreimal hatte Heinrich Laube die Direktion inne,[8]) dazwischen wurde das Theater von dem Schauspieler Theodor Lobe[9]) und einem Regiekollegium[10]) geführt und schließlich in seiner letzten Phase an den Schauspieler Karl v. Bukovics und dessen Schwager Eduard Theimer (als administrativem Leiter) verpachtet.[11])

Vom „Wortregisseur" Laube war bereits die Rede. „Deutlich, richtig, überzeugend sprechen – das forderte er in erster Linie."[12]) Laube hatte daher zur

Unterstützung seiner künstlerischen Arbeit die Position eines Vortragsmeisters oder richtiger Rollenkorrepetitors geschaffen und diese Position mit dem ehemaligen Schauspieler Alexander Strakosch besetzt, dessen Befähigung als Sprechlehrer allgemein anerkannt war. Strakoschs Aufgabe lag in der sprechtechnischen Vorbereitung der Schauspieler, da Laube immer wieder fand, daß das ordentliche Sprechen vielfach vernachlässigt werde.

Am Nachmittag des 15. September 1872 erschallten im Hause die letzten Hammerschläge, und am Abend fand die Eröffnung mit allen Zeichen eines großen gesellschaftlichen Ereignisses statt. Gespielt wurde Schillers „Demetrius"-Fragment, fortgesetzt von Laube. Eine Aufführung, die sehr großen Beifall fand, über die Laube selbst freilich eher skeptisch urteilte. Am Schluß der Eröffnungsvorstellung richtete Laube eine Ansprache an das Publikum, in der er erwähnte, daß er eine offene Konkurrenz mit dem Burgtheater nicht beabsichtige, das neue Haus vielmehr „eine Ergänzung" zu diesem „auf einem ihm möglichst nahekommenden hohen Niveau sein sollte."[13])

Bereits am 17. September 1872 kam es zur nächsten Premiere, und zwar zu einem Lustspielabend mit „Die böse Stiefmutter" von Putlitz und „Das Stiftungsfest" von Moser, zwei jener Dutzenden von Autoren, deren Lustspiele im Spielplan des Stadttheaters ebenso vertreten waren wie die Aufführungen zahlreicher Klassiker und zeitgenössischer Dramatiker.

Entgegen seinen Worten am Eröffnungsabend sah sich Laube dem Burgtheater gegenüber schon bald einer harten Konkurrenzsituation ausgesetzt. Dingelstedt sperrte nämlich dem Stadttheater durch Reverse Stücke zeitgenössischer Autoren, wo immer er nur konnte.

Durch nur vier Tage getrennt, brachten das Stadttheater (24. Sept. 1872) und das Burgtheater (28. Sept. 1872) Grillparzers „Ein Bruderzwist im Hause Habsburg" heraus. Grillparzer hatte noch zu Lebzeiten Laube die Uraufführung für das Stadttheater zugesagt, da er Bedenken hatte, Persönlichkeiten des Hauses Habsburg in kritischer Sicht auf der Bühne des Hofburgtheaters darstellen zu lassen. Über das alleinige Aufführungsrecht verfügte Laube freilich nicht. Dingelstedt, der sich vehement für das Werk Grillparzers einsetzte, vermochte die auch beim Obersthofmeisteramt diesbezüglich bestehenden Bedenken zu zerstreuen, so daß es auch zur Aufführung im Burgtheater und damit zu dem genannten Wettlauf kommen konnte. Bedenkt man, daß Laube nur einen ausgezeichneten Darsteller des Kaisers aufzubieten hatte, das Burgtheater aber über ein ganzes Ensemble von hervorragenden Schauspielern verfügte und zudem ein Großteil der Presse auf der Seite Dingelstedts, der das Werk auch inszeniert hatte, stand, kann man noch von einem überaus achtbaren Erfolg Laubes sprechen. Das größte Interesse sowohl bei der Kritik als auch beim Publikum konzentrierte sich hierbei auf den Vergleich der beiden Darsteller von Rudolf II., Theodor Lobe am Stadttheater und Josef Lewinsky am Burgtheater, denen beiden eine ausgezeichnete Kritik zuteil wurde.

Katharina Frank als Hero in Grillparzers „Des Meeres und der Liebe Wellen“

Mit Laube und Dingelstedt standen sich zwei Antipoden, zwei gegensätzliche Repräsentanten der Theaterszene gegenüber. Im Unterschied zu Laube verstand Dingelstedt das Publikum mit üppigen Bildern zu faszinieren und richtete sein Augenmerk in sehr starkem Maße auf Kostüme, Dekoration und Licht. So wurde er denn öfters auch als typischer Regisseur der Makart-Zeit bezeichnet, deren Publikum nun einmal die Opulenz liebte. Mit der Zeit waren die Antipoden freilich zu einer teilweisen Annäherung gelangt.

Das Stadttheater wandte sich in seiner Spielplangestaltung wiederholt Schiller und Grillparzer und im besonderen Maße Shakespeare zu, von dem u. a. „Coriolanus“, „Hamlet“, „Julius Cäsar“, „König Lear“, „Maß für Maß“ und der „Kaufmann von Venedig“ gespielt wurden. Laube, auf der Jagd nach immer neuen Erfolgsstücken, griff auch auf die großen Pariser Erfolge der Zeit zurück, deren Aufführung das Burgtheater abgelehnt hatte, wie etwa „Die Kameliendame“, „Demi-Monde“ oder „Der natürliche Sohn“, alle von Dumas fils. Und er brachte auch schon Stücke des frühen Naturalismus, darunter Ibsens „Die Stützen der Gesellschaft“ oder Anzengrubers „Der Pfarrer von Kirchfeld“. Albert Lindner (die Hugenottentragödie „Die Bluthochzeit“) oder Paul Lindau („Maria und Magdalena“) waren Entdeckungen Laubes, der auch mit etlichen eigenen Stücken (u. a. „Die Karlsschüler“, „Struensee“ oder „Montrose, der schwarze Markgraf“) vertreten war. Auch schlug er dem Drama der Antike eine Bresche, indem er auf die „Antigone“ des Sophokles zurückgriff und hierbei so großen Erfolg hatte, daß es zu 27 Aufführungen kam.[14])

Von den 227 in der Zeit seines Bestehens an das Wiener Stadttheater engagierten Schauspielern greifen wir nur einige wenige heraus wie etwa Katharina Frank und Katharina Schratt. Beide standen in einer – auch das Ensemble belastenden – Konkurrenzsituation zueinander. Katharina Frank wurde von Baron Schey, dem Präsidenten des Direktionsrates und Inhaber des größten Aktienpaketes, Katharina Schratt hingegen von Heinrich Laube favorisiert.

Mit Katharina Schratt, die in Kleists „Das Käthchen von Heilbronn“ debütierte, war „die bald beliebteste weibliche Lustspielkraft . . .

Links: Katharina Schratt als Grille in „Die Seiltänzerin“ von Henri Meilhac und Ludovic Halévy
Rechts: Marie Geistinger (1833–1903) als Königin Elisabeth in Laubes Drama „Graf Essex“, 1876

erschienen, ein Badener Kind ... anmuthig, liebreizend, voll ursprünglichen Wesens",[15]) die rasch der Liebling des Wiener Publikums wurde. Nennen wir des weiteren noch den schon erwähnten Theodor Lobe, Friedrich Mitterwurzer, Franz Tewele und Rudolf Tyrolt.

Von den Gästen auf der Bühne des Stadttheaters sei der Star der Wiener Operette Marie Geistinger herausgegriffen, die gefeierte Schöne Helena und Rosalinde, die in Laubes „Graf Essex" zum ersten Male als Tragödin vor das Wiener Publikum trat und einen glänzenden Erfolg errang, der umso mehr wog, als ein Teil der Theaterbesucher ja im Banne einer gewissen Voreingenommenheit stand. Die Geistinger gab übrigens auch die Marguerite in der „Kameliendame".

Als die oben geschilderte Brandkatastrophe eintrat, stand das Haus unter der künstlerischen Leitung des Schauspielers Karl von Bukovics, der sehr erfolgreich agierte und im besonderen durch die Aufführung gewichtiger, auch umstrittener Novitäten wie beispielsweise Ibsens „Nora" sein Publikum ins Theater zog.

Laube überlebte den Brand „seines" Theaters um nicht einmal drei Monate. Es wirkte wie eine Schicksalsfügung, als er am 1. August 1884 starb.

Karikatur zum Streit um den Komiker und Charakterdarsteller Franz Tewele zwischen Carltheater und Stadttheater

Anmerkungen:

1) Vgl. die Ausführungen bei Carl E. Schorske, Wien. Geist und Gesellschaft im Fin de siècle, S. 6 ff.
2) Siehe ebda., S. 7 ff.
3) Siehe ebda., S. 44 ff.
4) Zitiert nach Kurt Kahl, Die Wiener und ihr Burgtheater, S. 63
5) Zitiert nach Heinz Kindermann, Theatergeschichte Europas. Bd. VII, S. 135
6) Siehe ebda., S. 151
7) Zitiert nach Fred Hennings, Ringstraßen-Symphonie 2. Satz. 1870–1884, S. 36 ff.
8) Laubes Direktionszeiten: 15. Sept. 1872 bis 15. Sept. 1874, 1. Sept. 1875 bis 30. Juni 1879, 17. Jänner 1880 bis 31. Mai 1880
9) Direktion Lobe: 16. Sept. 1874 bis 30. Mai 1875
10) Direktion des Regiekollegiums: 30. Aug. 1879 bis 16. Jänner 1880
11) Verpachtung des Theaters an von Bukovics und Theimer: 25. Sept. 1880 bis 16. Mai 1884
12) Rudolf Tyrolt, Chronik des Wiener Stadttheaters 1872–1884, S. 9
13) Franz Hadamowsky, Wiener Theatergeschichte. Von den Anfängen bis zum Ende des Ersten Weltkrieges, S. 686
14) 15–20 Wiederholungen einer Aufführung muß man als Erfolg ansprechen. Etliche Aufführungen erreichten weniger als 10 bleibende Wiederholungen.
15) Rudolf Tyrolt, Chronik des Wiener Stadttheaters, S. 34

III. Ein Weltstadt-Etablissement

Die Volkssängerin
Leopoldine Kutzel

Am 4. April 1886 meldet das „Extrablatt“: „Das Schicksal des Stadttheaters soll nunmehr, nachdem fast zwei Jahre seit dem Bau verflossen sind, endgültig entschieden werden. In einer Freitag abends ... abgehaltenen Sitzung hat, ... das Liquidations-Comité einstimmig beschlossen, den Kaufantrag des Herrn Anton Ronacher einer ... einzuberufenden General-Versammlung der Gründer vorzulegen und zur Annahme zu empfehlen. Herr Ronacher bietet 450.000 Gulden für den Complex und die noch erhaltenen Baulichkeiten, und es würde mit dem Baue des neuen Hauses, dessen Pläne Baurath Fellner entworfen hat, eventuell unmittelbar nach der General-Versammlung begonnen werden.“ 1)

Anton Ronacher war das scheinbar Unmögliche gelungen, durch einen enervierenden Kampf mit den zuständigen Behörden und gestützt auf die Fürsprache maßgebender Persönlichkeiten wieder ein Theatergebäude auf der Seilerstätte zu errichten. Umgehend beauftragte er Ferdinand Fellner den Jüngeren, die Ruine zu einem Varieté mit einem angeschlossenen Hotel umzubauen, wobei die alte Fassade, von im Grunde unwesentlichen Änderungen abgesehen, erhalten blieb. Für ein Varietétheater waren Malersaal und Schnürboden nicht notwendig, so daß man auf einen Wiederaufbau des obersten Geschoßes verzichten konnte. Das Zentrum der Anlage bildete ein großer, die ganze Höhe des Gebäudes ausfüllender „Productionssaal“ mit einem Fassungsraum für mehr als 1.500 Personen. Im Parkett wurden an Stelle der Sitzreihen Tische aufgestellt, an denen konsumiert werden konnte. In Parterrehöhe schuf man einen Logenkranz mit einer überhöhten Hofloge und 62 offenen Logen.

Der „Productionssaal“, in Anlehnung an kaiserliche Hoftheater im Stile des Rokoko gehalten, wies im Fond des Parterres eine halbrunde Bühne ohne Kulissen und Soffitten aus, von einem mit figuralem und ornamentalem Schmuck reichlich durchsetzten Baldachin überwölbt. Das Orchester war tiefgelegt, um eine optimale Sicht auf die Bühne zu gewährleisten. Die Decke war mit Malerei und Stuckornamenten reich verziert. Hinter dem Podium, und von diesem durch eine große eiserne Rolltüre getrennt, hatte man einen etwa 1.200 Personen Platz bietenden Festsaal für Konzerte, Bälle und sonstige Festlichkeiten gebaut, der mit dem Produktionssaal zu einem einzigen Raum verbunden werden konnte, wodurch ein großer Ballsaal entstand.

Bevor es jedoch endgültig soweit war, hatte Anton Ronacher, der die Stadttheaterruine im März 1887 um 350.000 Gulden gekauft hatte, die Summe von rund 2 Millionen Gulden aufzutreiben, denn soviel kostete der Umbau.[2])

Wahrscheinlich ständig in seinem Fiaker unterwegs, suchte er einen potentiellen Geldgeber nach dem anderen auf, um die gigantische Summe herbeizuschaffen. Und mußte vermutlich immerfort überreden und auf die verschiedenen Finanzkreise hinweisen, die ihre Beteiligung zugesichert oder zumindest in Aussicht gestellt hatten. Aber Ronacher unterstrich wohl im besonderen auch immer wieder das große Interesse der „hohen und höchsten Stellen“ an einem derartigen Weltstadtetablissement. Er war ein exzellenter Seelenfänger, dem es gelang, die Liste der Finanziers immer ansehnlicher werden zu lassen. Wir wissen nicht, inwieweit Ronacher Finanzpläne vorgelegt hat, die den Geldgebern eine entsprechende Rendite oder zumindest die Refundierung ihres Kapitals sicher scheinen ließen. In der Tat konnte er diese Kredite auch nie zurückzahlen. Angeblich soll es im Zuge der Bauarbeiten auch zu einem Streik der beschäftigten Baumeister, Handwerker und Gewerbetreibenden sowie der Arbeiter gekommen sein, da Ronacher in den Zahlungen seit längerem säumig war. Wahrscheinlich durch Vermittlung des Grafen Taaffe erschien jedoch Kaiser Franz Joseph höchstpersönlich zu einer umfangreichen Besichtigung der Baustelle und sprach allen Beteiligten seine Anerkennung aus. Worauf, den Berichten zufolge, vielfach Hoch gerufen und weitergebaut wurde.

Die Eröffnung fand eineinhalb Jahre später statt, als ursprünglich in Aussicht gestellt worden war. Am 21. April 1888 war es aber dann soweit.

Tags zuvor ging die Generalprobe über die Bühne, über die das „Fremdenblatt" vom 21. April 1888 u. a. schrieb: „Eigentlich war es keine Generalprobe, sondern eine komplette Eröffnungsvorstellung vor geladenen Gästen. Sie waren alle gekommen, so zahlreich auch die Einladungen ergangen waren, und um ½8 Uhr machte pünktlichst das jüngste und schönste der Wiener Vergnügungs-Etablissements dem Wiener Publikum seine ergebenste Aufwartung." Nach kurzem Eingehen auf die Stimmung des Publikums, die anfangs teilweise noch von elegischen Erinnerungen an das Stadttheater und an Heinrich Laube durchsetzt schien, heißt es in diesem Bericht dann weiter: „Aber solche Eindrücke verflogen. Es war überhaupt gar nicht möglich, sich weiter mit dem Stadttheater zu beschäftigen, wenn man des Neuen ansichtig wurde. Das Stadttheater ist tot, es lebe das Etablissement Ronacher!"[3])

Der Abend des eigentlichen Eröffnungstages wurde in langen Berichten der Journalisten, die schon bei der Generalprobe ihre Eindrücke gesammelt hatten, allenthalben als ein Ereignis geschildert. Anton Ronacher selbst muß sich an diesem Abend wie ein Triumphator gefühlt haben. Das festlich erleuchtete Haus, das Vorfahren der Wagen, das erregende Stimmengewirr, kurzum jene von größter Erwartung getragene, prickelnd nervöse Atmosphäre haben in dem rastlos ehrgeizigen Mann vermutlich doch auch das berauschende Hochgefühl eines schwer erkämpften Erfolges bewirkt. Die Presse berichtete auch ausführlich über die anwesende Hautevolee und zählte hierbei u. a. den Herzog von Nassau, die Fürstin Metternich, Fürst Montenuovo, die Grafen Wilczek, Kinsky, Stockau, Lamberg, Waldstein, Lamezan und die Barone Rothschild, Wimpffen, Suttner und Wächter auf. In Vertretung des Kaisers war Erzherzog Ludwig Victor gekommen.

Die glänzend verlaufene Generalprobe ließ einem alten Theaterglauben zufolge für die Premiere etwas Unerwartetes befürchten. Das Unerwartete trat denn auch prompt ein: das Heißlaufen eines Triebwerkes verursachte eine Störung der elektrischen Beleuchtung. Mitten in einer Darbietung zuckten die Lichter mehrmals bedenklich, bis sie endgültig verloschen und nur die Gasflammen der Notbeleuchtung die Weiterführung des Programms ermöglichten. Die Stimmung erlitt aber den Berichten zufolge keinerlei Abbruch, und nach etwa eineinhalb Stunden erstrahlte das Haus wieder in voller Helle.

Werfen wir einen Blick auf das Eröffnungsprogramm. Es setzte sich – zieht man die reinen Orchesterpiecen ab – aus 15 Darbietungen zusammen, davon fielen 6 auf den Gesangs- und die übrigen 9 auf den artistischen Sektor. Unter den Gesangsnummern finden sich die Wiener Duettisten Schmutz & Rück bzw. Ferdinand Rück als Wiener Gesangskomiker sowie Leopoldine Kutzel, die uns schon beim Dritten Kaffeehaus begegnet ist. Des weiteren auch die Wiener Liedersängerin und Salonjodlerin Mizi Marion. Dazu muß ausgeführt werden, daß in den Salons der vornehmen Wiener Gesellschaft etwa ab den sechziger Jahren Zitherspielen und Jodeln sehr in Mode gekommen waren. „Die zartgegliederten Damen erglühten für die Romantik der Sennhütte oder des Kuhstalles, man sang mit Vorliebe alpenländische Weisen, und so manches Boudoir wurde zu der ‚idyllischen Schwaig' ..."[4]). Die Vorliebe für Ländliches blieb zwar in dieser Intensität nicht von langer Dauer, Spurenelemente erhielten sich aber noch lange, ja sogar bis in die Zeit nach dem Zweiten Weltkrieg.

Mr. Kaufmann, Weltmeister im Kunstradfahren

Mit artistischen Darbietungen brillierten u. a. die amerikanischen Leiter-Athleten Frederics, Gloss und La Van, die Trapezkünstlerin Miss Geraldine, die amerikanischen Musical-Excentrics „3 Pinauds", der Weltmeister im Kunstradfahren Mr. Kaufmann und die Japanesen-Truppe „The Mitsuta's".

Am Beginn der musikalischen Piecen stand der Marsch „Freiwillige vor“ von Johann Strauß, was offenkundig damit zusammenhing, daß das Erträgnis dieser Premiere der Wiener Freiwilligen Rettungsgesellschaft zugute kam, die am Tag nach dem Ringtheaterbrand gegründet worden war. Ferner findet sich die Zwischenaktsmusik aus Lohengrin[5]), eine Tradition, die auf die Unterhaltungskonzerte u. a. auch der Brüder Strauß zurückgeht, die in ihren Programmen in reduzierter Orchestration wiederholt Fragmente aus Opern von Richard Wagner gespielt haben. Weitere Stücke sind die Fest-Ouvertüre und der „Graf-Hans-Wilczek-Marsch“ von Karl Kratzl, der auch als Kapellmeister verantwortlich zeichnet. Karl Kratzl, zu seiner Zeit auch als markanter Vertreter des „fidelen Urwienertums“ bekannt, war ein Musiker von großer Vielseitigkeit und am Wiener Konservatorium u. a. Schüler von Anton Bruckner und Josef Hellmesberger sen. gewesen. Gegen 500 Kompositionen gehen auf ihn zurück, so Ouvertüren, Kammermusik, Tanz- und Salonstücke, vor allem aber, wie man es nannte, gemütstiefe Lieder, von denen auch noch heute einige bekannt sind wie „Das Glück is a Vogerl“ oder „Mir hat einmal vom Himmel tramt“.

Josef Modl (links), langjähriger Hauskomiker des Ronachers, mit dem Kapellmeister Karl Kratzl

Und da war auch noch Krao, das berühmte behaarte Mädchen, das nach der Darwinschen Theorie als Verbindungsglied zwischen Affe und Mensch gezeigt wurde. Krao bildete nicht eine Nummer des Varietéprogramms, sondern konnte vielmehr als naturhistorische Abnormität am Nachmittag zwischen 15 und 19 Uhr besichtigt werden. Wir wissen von ihr, daß sie, von einer englischen Gouvernante begleitet, im „Sonntagskostüm" mit weißen Gamaschen, die Hände in einem Muff versteckt, die jeweiligen Etablissements betrat und sich erst dann durch Ablegen der Kleidung in das angekündigte „Urwaldwesen" verwandelte.

Zur Zeit der Eröffnung des Ronachers hatte sich das Varieté als eine Institution der gehobenen Unterhaltung bereits etabliert. In den folgenden Jahrzehnten sollte es eine großartige Blüte erleben, die deutlich macht, wie sehr es zu einer der tragenden, der Zeit gemäßen Vergnügungsformen wurde.

Den Beginn der Varietégeschichte Wiens können wir in den dreißiger Jahren des 19. Jahrhunderts ansetzen, und zwar in Etablissements, die vor allem dem Tanzvergnügen dienten. Das aus dem „Brigittenauer Colosseum" 1834 hervorgegangene „Universum", das 1833 im Seitzer Keller in den Tuchlauben gegründete „Elysium", dem 1840 in der Johannesgasse das „Neue Elysium" folgte, später aber dann im besonderen „Schwenders Colosseum" gehörten zu jenen Vergnügungslokalitäten, in denen man sich auf vielerlei Weise unterhalten konnte, brachten sie doch Redouten, Ausstellungen und varietémäßige Darbietungen. Nicht zuletzt waren sie auch als Schlemmerlokale geschätzt. Das Verdienst, als erster das Varieté in Wien institutionalisiert und auf ein internationales Niveau gehoben zu haben, gebührt Eduard Danzer. Ronacher baute im wesentlichen nur das aus und führte zu einem Höhepunkt, was Danzer begonnen hatte. 1866 war das nach Plänen von Otto Wag-

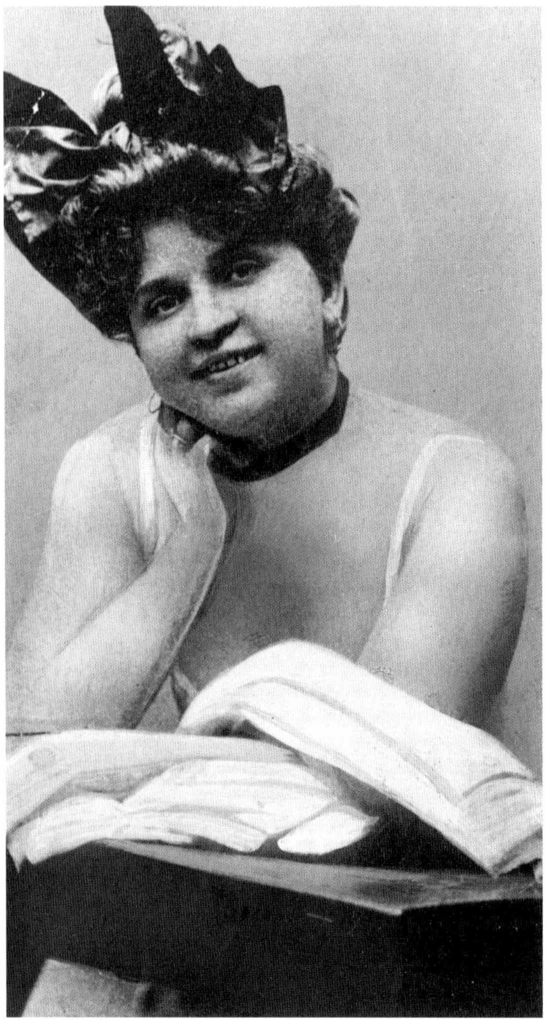

Die Volkssängerin Rosa Bauer trat mehrmals im Ronacher auf und hob zahlreiche Lieder von Karl Kratzl aus der Taufe.

II. Abtheilung.

10. „**Rip-Rip**", Walzer von Fétras.

11. **Sennorita Amoros,**
Luftgymnastikerin.

12. **Little Bertoto,**
Verwandlungstänzerin und Sängerin.

13. **Mr. Segommer,**
Ventriloquist.

14. **Miss Mary Louise,**
Englische und französische Sängerin.

15. **Mr. Harry Steele,**
Comedian and Skater.

16. **Frl. Minna Rott,**
Wiener Coupetsängerin.

17. **Schlussmarsch.**

Regisseur: Herr **Hans Eckerth**. Kapellmeister: Herr **Karl Kratzl**.

Avis: Zufolge der plötzlichen Erkrankung eines Mitgliedes der engagirten **Troupe Hugosset**, Reckkünstler und Pantomimisten, musste deren Debut für einen der nächsten Tage verschoben werden.

Cassa-Eröffnung **7** Uhr, Anfang präcise **8** Uhr.

Preise der Plätze:

1 Prosceniums-Loge fl. **12**.—, 1 Loge im I. Rang fl. **10**.—, 1 Loge im II. Rang fl. **7**.—, 1 Logensitz im I. Rang fl. **2.50**, 1 Logensitz im II. Rang fl. **2**.—, Parquet-Entrée fl. **1**.— per Person.

Zur gefälligen Beachtung

Der angesetzte Preis der Loge berechtigt 4 Personen zum Entrée. Jeder weitere Sitz in den respectiven Logen ist separat an der Cassa zu lösen.

Tages-Cassa geöffnet von 10 Uhr Vormittags bis 4 Uhr Nachmittags.

Für Stühle, welche mit Kleidungsstücken belegt werden, ist der Preis einer Eintrittskarte zu entrichten.

Telephon 1122.

Zur gefälligen Beachtung.

Das in engster Verbindung mit dem Productions-Saale stehende **hochelegante Café** bleibt dem P. T. Publikum zum Besuche **nach beendigter Vorstellung** bestens empfohlen.

Im Productions-Saale:

Täglich internationale Künstler-Vorstellungen.

Nur Specialitäten allerersten Ranges.

Elektrische Beleuchtung des ganzen Hauses.

Auskünfte über Vermiethung des **Ballsaales** für **Eliteballe** und **Festlichkeiten** aller Art werden im Bureau des Etablissements ertheilt.

Druck von A. Reisser, Wien, I. Krugerstrasse 18.

Rückseite einer Programmserviette aus der Ära Anton Ronacher ner gebaute Harmonietheater im 9. Bezirk in der Wasagasse eröffnet worden und hatte Operetten und Lustspiele herausgebracht. 1868 sodann in eine Varietébühne umgewandelt, wurde es 1872 von Eduard Danzer übernommen, seines Zeichens Wirt von den „Drei Raben" in der Liechtensteinstraße. Hier in „Danzer's Orpheum", wie es von nun an hieß, begegnet uns bereits die ganze bunte Welt des Varietés mit ihrer großen Vielfalt an Darbietungen. Die Hauptanziehungskraft des Hauses aber bilden die Komiker, die Volkssänger und Volkssängerinnen, „die lieben Freunde des Publikums"[6]), von denen etliche dann ja auch im Ronacher aufgetreten sind. Viele der dort gesungenen oder sogar kreierten Lieder sind populär geworden, einige sind es bis in unsere Zeit geblieben, wie z. B. „Auf der blauen Donau schwimmt ein Krokodil" oder „Das Drah'n, das is mei Leb'n". Angesichts der vielen am Orpheum engagierten Künstlerinnen hieß dieses auch der „Busentempel", und so manche der einschlägig „begabten" Künstlerinnen wurde sozusagen von der Bühne weggeheiratet und machte „eine gute Partie".

Doch zurück zum Ronacher, dessen Name nun in aller Munde ist. Im Ronacher muß man einfach gewesen sein, und so werden denn auch die Kassen richtiggehend gestürmt. Die Einnahmen sind glänzend, die Vorstellungen auf etliche Tage im vorhinein ausverkauft, ein Schwarzkartenmarkt hat sich eingenistet. Spezialitäten um jeden Preis ist die Maxime Anton Ronachers, der seinem Haus immer wieder neue Attraktionen verschafft, wobei das Programm generell zu Monatsbeginn wechselt. So reist denn Anton Ronacher auch in die europäischen Metropolen, nach Paris, London, Berlin und in andere Städte, um für sein Haus immer wieder das Außergewöhnliche, das Extravagante, das Sensationelle aufzuspüren. Und die Künstler beginnen es als Auszeichnung anzusehen, an dieses Haus engagiert zu werden, dessen Ruf sich zusehends über die Grenzen verbreitet. Dazu kommt noch, daß Ronacher Höchstgagen zahlt.

Im Ronacher gibt es als besondere Attraktion die „Darstellung klassischer Meisterwerke" der Bildhauerei, lebende Bilder als Wiedergabe berühmter Kunstwerke, wie „Amor und Psyche", „Prometheus", „Orestes" u. a. m. Die Vorführung von lebenden Bildern begann sich schon in den vierziger Jahren des 19. Jahrhunderts als Schaustellung durchzusetzen und wurde damals auch zu einem bevorzugten Gesellschaftsspiel in den Kreisen des höheren Bürgertums, wobei sich

Szenen aus der Mythologie und der Literatur besonderer Beliebtheit erfreuten. Daß die „Poses plastiques" im Varieté auch willkommenen Anlaß boten, mehr oder weniger spärlich bekleidete Körper zu zeigen, liegt auf der Hand. Im deutschsprachigen Raum, wo die Achtung vor allem, was mit „hoher Kunst" und „großer Vergangenheit" in Verbindung gebracht wurde, sehr lange Zeit sehr groß war, konnte eine derartige Liaison besonders erfolgreich verkauft werden.

Eine Sensation bildet auch das Auftreten des englischen Tauchkünstlers Capitain James, der gemeinsam mit seiner Partnerin Miß Lorli seine Künste in einem großen Glasbassin zeigt. Mit größter Spannung verfolgt dabei das Wiener Publikum die zahlreichen Herausforderungen, die an den Engländer ergehen und bei denen dieser jedesmal ohne Schwierigkeiten den Sieg davonträgt. Am 20. Februar 1889 kommt es schließlich zu einem Zweikampf zwischen dem Capitain und dem ehemaligen österreichischen Militärschwimmeister Rocré. Mit Uhren in der Hand verfolgt das Publikum, wie die beiden in die grünblau leuchtenden Fluten tauchen. Im Saal herrscht fast lautlose Stille, man spürt, wie die Zuschauer den Atem anhalten. Da, nach 1 Minute und 4 Sekunden hat Rocré genug. Prustend kehrt er an die Oberfläche zurück. Um diese Zeit macht der Capitain noch nicht die mindesten Anstalten aufzutauchen. Bleiern schleicht die Zeit dahin, eine zweite Minute vergeht, eine dritte und nichts rührt sich. Dem Publikum wird allmählich bang, unruhig rücken die Zuschauer auf ihren Sesseln hin und her. Endlich erscheint James, mit 3 Minuten und 16 Sekunden hat er einen neuen Rekord geschafft, der mit tosendem Beifall und Bravo-Rufen quittiert wird.

Die Programme im Ronacher sind nach wie vor allgemeiner Gesprächsstoff, wie denn auch der Zustrom zu den Vorstellungen nicht abreißt. Da sich aber die Einspielergebnisse mit den Kosten in etwa die Waage halten, kann auf die 2 Millionen aus den Baukosten stammenden Schulden nicht die geringste Rückzahlung erfolgen. Anton Ronacher mögen damals so manche Warnungen und Mahnungen durch den Kopf gegangen sein, auch der fast an einen Skandal heranreichende Streit mit dem Bierbrauer Dreher, der ihn einen notorischen Schuldenmacher genannt hatte. Der Vielbewunderte, der von der großen Allgemeinheit offensichtlich für einen schwervermögenden Mann gehalten wurde, muß wohl immer bedrängender, immer quälender die Aussichtslosigkeit seiner Lage empfunden haben.

Zunächst streckt Ronacher seine Fühler nach England aus, um mit Hilfe von Teilhabern die Gründung einer Ronacher-Gesellschaft und damit auch eine Aufteilung der Schuldenlast herbeizuführen. Aber die Herren in England, mit denen Ronacher zu verhandeln beginnt, sind offensichtlich bemüht, keinerlei Eile zu zeigen. Da folglich an eine Realisierung des Projektes in nächster Zeit nicht zu denken ist, reist Ronacher nach Berlin, wo es ihm gelingt, einen aufsehenerregenden Coup zu landen. So ist am 24. März 1889 in den Zeitungen zu lesen, daß zwischen Ronacher und dem Vertreter der Berliner Warenbörse AG ein Vertrag abgeschlossen wurde, wonach beabsichtigt ist, den Gebäudekomplex der Börse mit einem Kostenaufwand von ca. 5 Millionen Mark zu einem Etablissement Ronacher, „welches das gleichnamige Wiener Schwesterninstitut noch übertreffen soll", umzubauen.[7]) „Die Berliner Ronacher Etablissement AG", so liest man weiter, „übernimmt gleichzeitig Ronachers Wiener Etablissement käuflich um den Betrag von 2 Millionen Gulden, wovon 1,6 Millionen Gulden in barem, der Rest in Aktien an Anton Ronacher gezahlt werden, welcher Generalleiter der vereinigten Berliner-Wiener Etablissements bleibt."[8])

Der mit Berlin ausgehandelte Vertrag, der in Wahrheit ein Scheinmanöver und an die Adresse Londons gerichtet ist, enthält einen Passus, wonach Ronacher einseitig bis zum 1. April zurücktreten kann. Die Transaktion ist sofort Tagesgespräch, alles will nun nähere Details über die bevorstehende Fusionierung und wie Ronacher im einzelnen diese Aufgabe zu lösen gedenke wissen. Und während dieser den ihn bestürmenden Journalisten weitere Interviews gibt, erscheint prompt und erwartungsgemäß ein Unterhändler aus London. Dieser, ein Mr. Great, und Anton Ronacher spielten sich wahrscheinlich zunächst einmal gegenseitig eine längere Show vor, bevor sie wie folgt handelseinig wurden: Die Engländer sind bereit, die Berliner zu überbieten, und konkret bedeutet dies den Ankauf des Etablissements Ronacher durch eine in London gebildete Aktiengesellschaft, deren Grundkapital sich auf 140.000 Pfund Sterling beläuft.

Die Direktorengeschäfte werden weiter von Anton Ronacher geführt, dem man ein hohes Gehalt und etliche Vergünstigungen zugesteht. Aber die Engländer haben einen verhängnisvollen Passus in den auf drei Jahre befristeten Vertrag eingebaut, der besagt, daß die Konditionen nur insoferne Gültigkeit haben, als die Einnahmen des Hauses in jener Zeit die Höhe erreichen, die von Anton Ronacher seinen Vertragspartnern gegenüber genannt wurden.

In seiner Ausweglosigkeit ist Anton Ronacher so in eine schwere Zwangslage geraten. Als ehemaliger Eigentümer erhält er auch eine Abfindungssumme von 200.000 Gulden, allerdings im Gegenwert von Aktien an der neu gegründeten Gesellschaft und mit der Auflage, daß diese Aktien nicht verkauft werden dürfen, falls die Einnahmen des laufenden Jahres unter den von ihm angegebenen Durchschnitt sinken. Was die auf dem Haus lastenden Schulden betrifft, so arrangieren sich die Engländer mit den Gläubigern und zahlen von den insgesamt 2 Millionen Gulden 40 %, also 800.000 aus, und die Gläubiger sind wahrscheinlich noch froh, diese Summe zu bekommen.

Nun muß Ronacher noch mehr als bisher seine ganze Energie dahintersetzen, um immer wieder neue und möglichst abwechslungsreiche Programme seinem Hause verschaffen zu können. Und in der Tat hat Anton Ronacher, was seine Engagementpolitik betrifft, eine sehr glückliche Hand.

Längerfristig sieht sich aber Ronacher nicht in der Lage, die von ihm selbst angegebenen Einspielergebnisse zu erzielen. Der Sommer des Jahres 1889 bricht zudem sehr früh und sehr intensiv herein, was sich bald in einem erheblichen Schwund des Publikums bemerkbar macht. Die schwülen Abende veranlassen die unterhaltungslustigen Wiener eher in den Prater zu fahren, wo ja im besonderen auch das Zweite und Dritte Kaffeehaus mit ihren verschiedenen Programmen einen attraktiven Anziehungspunkt bilden. Überhaupt

„Schwenders Colosseum“, in dem auch Varietéprogramme gezeigt wurden

ist die Konkurrenz des Ronachers, die sich jetzt merklich anstrengt, sehr groß. Da sind Danzers Orpheum, das mit ausgezeichneten internationalen Varietéprogrammen aufwartet, und „Schwenders Colosseum" mit seinen vielseitigen Vergnügungsmöglichkeiten, das sind der Dommayer und das Casino Zögernitz, Weigls Dreherpark und Tökes in Hernals, das Gartenbauvarieté und viele andere Etablissements.

Champagnerdusche mit den Kriegshelden (aus: Moeller van den Bruck, Das Varieté)

Es zeigen sich nun zusehends Lücken im Zuschauerraum, wozu noch kommt, daß der Reiz des Neuen ganz offensichtlich etwas verblaßt ist. Zweimal muß Ronacher in diesem Jahr die Eintrittspreise erhöhen, und das bedeutet, daß das dadurch auch zahlenmäßig reduzierte Publikum in seinen Ansprüchen immer verwöhnter wird, was wiederum das Engagement möglichst teurer Kräfte nach sich zieht.

Im Herbst gestalten sich die Besucherzahlen sehr erfreulich, aber der englische Kontrollor, der Ronacher an den Fersen haftet, mahnt immer eindringlicher zu größerer Sparsamkeit. Nicht zu Unrecht, denn nach dem frühen Sommer kommt es in diesem Jahr auch zu einem frühen Wintereinbruch mit vereisten Straßen und klirrender Kälte. Tagelang fegen Schneestürme dahin, so daß der Besuch drastisch nachläßt. Zudem bricht im Dezember noch eine Influenza-Epidemie aus, mit Tausenden von Erkrankten in den Spitälern.

Die Situation wird nun immer prekärer, wobei Ronacher auch den Versuch macht, von seinen Geschäftspartnern einen Vorschuß zu erhalten, was abgelehnt wird. Da entschließt sich Ronacher, nach London zu fahren. Aber bei den Herren des Verwaltungsrates, denen er seine Vorschläge vorträgt, stößt er auf ein höfliches, aber bestimmtes Nein. Da begeht Ronacher einen Verzweiflungsakt: Er versucht, auf der Londoner Börse die Aktien zu veräußern, die er als Abfindung für sein Haus mit der Auflage erhalten hat, sie nicht zu verkaufen, falls das Reinerträgnis des Jahres 1889/90 unter jenes des Vorjahres sinkt. Doch kommt es erst gar nicht zu diesem bedenklichen Schritt, da die Engländer die Transaktion geahnt haben. Wir können uns die fast gespenstisch wirkende Situation vorstellen, wie im Inneren des Börsengebäudes hinter Ronacher plötzlich ein Herr des Verwaltungsrates, der ihm vielleicht schon einige Zeit schattenhaft gefolgt war, stand. Und wie Ronacher in diesem Moment erkannt haben muß, daß auch dieser letzte Versuch endgültig gescheitert war.

Anton Ronacher akzeptiert die Lösung des Vertrages. Am 25. Jänner 1890 ergeht an alle Wiener Tageszeitungen ein Rundschreiben, in dem es u. a. heißt: „Ich beehre mich, Ihnen mitzuteilen, daß ich mich entschlossen habe, meine Stelle als Direktor des von mir gegründeten

Die Volkssänger Edmund Guschelbauer (1839–1912) und Luise Montag (1849–1927)

Etablissements Ronacher niederzulegen, und daß ich dem Unternehmen fortan nicht mehr als Direktor, sondern nur mehr als Aktionär angehören werde. Ich sehe mich zu diesem Schritt genötigt, weil ich in einer auswärtigen Stadt die Errichtung eines ähnlichen Etablissements übernommen habe..."[9])

Nicht einmal zwei Jahre war somit Anton Ronacher dem von ihm ins Leben gerufenen und seinen Namen weitertragenden Haus vorgestanden. Er hat freilich dessen Stil auch für die Zukunft entscheidend geprägt, den Stil eines adelig-großbürgerlichen Varietétheaters, in dem sich alle Welt ein Stelldichein gab – auf der Bühne und im Zuschauerraum.

Anmerkungen:

1) Extrablatt, 4. April 1886
2) Zum Vergleich: Die teuerste Eintrittskarte (ohne Konsumation) kostete 6 Gulden. Im k. k. Hofburgtheater kostete der teuerste Platz 15 Gulden, im k. k. Hofoperntheater 25 Gulden, in etlichen anderen Theatern zwischen 8 und 15 Gulden. Siehe Lutz Eberhardt Seelig, Ronacher. Die Geschichte eines Hauses, S. 19
3) Fremdenblatt, 21. April 1888
4) Josef Koller, Das Wiener Volkssängertum in alter und neuer Zeit, S. 87
5) Wahrscheinlich handelt es sich um die der dritten Szene des 3. Aufzuges vorangehende Zwischenaktmusik. Möglicherweise ist aber auch das Vorspiel zum dritten Aufzug gemeint.
6) Koller, Das Wiener Volkssängertum in alter und neuer Zeit, S. 109
7) Extrablatt, 24. März 1889
8) Extrablatt, ebda.
9) Zitiert nach Theodor Ottawa: Ronacher. Der Roman eines weltberühmten Wiener Varietés. In: Die große Österreich-Illustrierte 1959 und 1960 (Artikelserie)

IV. Zwischenspiel

Josef Modl.
Sein Couplet „Trink ma no a Flascherl" wird auch heute noch gesungen.

Die Nachricht von Ronachers Ausscheiden ist kaum publik, und schon setzt Wiens beliebtestes Gesellschaftsspiel ein, wer denn der Nachfolger werden würde. Der Blick fällt zunächst auf C. W. Pertl, den Pächter von Danzers Orpheum, der auch das Dritte Kaffeehaus im Prater führt. Er hat in der Programmgestaltung hier wie dort eine sehr glückliche Hand bewiesen und hat im übrigen auch verstanden, gut zu wirtschaften, was er denn auch gegenüber den ihn interviewenden Journalisten überdeutlich herausstreicht. Aber Pertl ist noch durch einige Jahre vertraglich an das Orpheum gebunden und scheidet daher aus dem Kreis der Kandidaten aus. Letztendlich wird die Interimsleitung des Ronachers von Eduard Liberer und Mr. Glinester übernommen, bis zur Bestellung des definitiven Nachfolgers Eduard Graeff im Mai 1890.

Einer der Stars jener Zeit, wenngleich mehr von lokalhistorischer Bedeutung, ist der Athlet Georg Jagendorfer, der im Februar 1890 erstmals im Ronacher auftritt. Und großen Erfolg erzielt, wozu zweifellos beiträgt, daß unter dem Einfluß des Kraftsportes das Interesse für starke Männer recht beachtlich gestiegen ist und Wien in diesen Jahren denn auch eine Reihe von Weltmeistern im Stemmen stellt.

Jagendorfer versteht das Publikum in größtes Erstaunen zu versetzen, indem er gewaltige Lasten aufhebt, sich 100-Liter-Fässer auf den Rücken legt und sie fortträgt, Nägel mit der bloßen Hand mit einem Schlag tief in hartes Holz treibt oder sich Bretter über den Körper legen läßt, auf denen dann Personen herumschaukeln und herumspringen.

Das Auftreten Jagendorfers brachte es mit sich, daß das Ronacher auf einmal von Publikumsschichten aufgesucht wurde, denen man vordem hier noch nie begegnet war, Anhängern des Kraftsportes eben, die ihrer gesellschaftlichen Herkunft nach den „einfacheren Bevölkerungsschichten" zuzuzählen waren. Von „Leuten vom Grunde", wie man in Wien sagt, die nun ihrer Begeisterung in urwüchsigen Worten lautstark Ausdruck verliehen. Was beim Stammpublikum, das sich ja vornehmlich aus dem Kreise des Adels und des gehobenen Bürgertums rekrutierte, ziemliches Befremden auslöste. Schließlich war man ja sehr gerne Gast im Ronacher, dessen Gründer als ein Weltmann für beste Unterhaltung in einem exquisiten Rahmen gesorgt hatte, und wünschte nun diese Erwartungen auch bei seinem Nachfolger erfüllt zu sehen. Kurios mutet uns an, daß deswegen sogar eine Versammlung der Aktionäre einberufen und in ihr erregt über diesen Einbruch „fremden" Publikums diskutiert wurde.

Die Direktion Eduard Graeff entschließt sich zweimal im Monat das Programm zu wechseln. Aber Graeff, der auf die Sparwünsche der Engländer eingehen muß, denen eine solide Kalkulation vorrangig erscheint, ist nicht die Persönlichkeit, um einem Haus wie dem Ronacher ein eigenständiges Profil zu geben. Geboten werden sehr respektable Varietéprogramme, die jedoch vom Publikum nicht als sehr aufregend empfunden werden. Und in Wien beginnt man sich zu fragen, warum denn überhaupt ein Haus wie das Ronacher erbaut worden ist, wenn darin Programme präsentiert werden, wie sie in dieser Qualität auch andere, kleinere Häuser bringen. Danzers Orpheum ist mit seinen Programmen jedenfalls ebenbürtig – und das zu billigeren Preisen –, so daß mit dem sinkenden Renommee des Ronachers auch ein Sinken der Besucherzahl einhergeht.

Im Mai 1890 kommt „Buffalo Bill's Wild West" nach Wien und spielt in einer mehr als 10.000 Personen fassenden Arena in der Kronprinz-Rudolf-Straße, der späteren Reichsbrückenstraße. Buffalo Bill, der eigentlich William Frederick Cody (1846–1917) hieß und um dessen Person sich die Romantik eines ganzen Sagenkreises rankt, erweist sich – wie überall – auch hier als ein Publikumsmagnet sondergleichen. So strömen denn auch die Menschen in Massen in diese Arena, um aufgeregt all das mit anzusehen, was sie in zahlreichen „Indianerbücheln" gelesen haben. Und genießen mit dem Rauschen der Praterbäume das Flair des „Wilden Westens" und eine in der Tat gigantische Show, über die sie noch nach Jahrzehnten schwärmerisch zu berichten wissen. Eine Show mit über 200 Pferden, 80 Bisons und über 200 Menschen, mit verwegener Reiterei und gefährlichen Büffeljagden, brillanten Kunstschützen und rasanten Überfällen auf Postkutschen, kurzum mit jenen buchstäblich atemberaubenden Darbietungen, wie sie in dieser perfekt ablaufenden Präzision später dann der Western übernimmt. Wer konnte angesichts eines solchen, noch dazu mit dem Träger eines legendären Namens verbundenen Spektakels noch ein besonderes Interesse für ein gutes, aber keineswegs sensationelles Varietéprogramm, dessen einzelne Elemente man im wesentlichen kannte, aufbringen? Gegenüber dem Ronacher bestand ja auch eine besondere Erwartungshaltung, die sich nun enttäuscht sah, wozu zweifellos noch ein im Showgewerbe wichtiges psychologisches Moment kam: Anton Ronacher verstand es fabelhaft, die große Trommel zu rühren und wußte für sein Haus ständig Gesprächsstoff zu liefern. Immer wieder konnte und kann man es ja erleben, daß dieselben Attraktionen in einem Varieté oder Zirkus gar kein besonderes Aufsehen erregen, während sie an anderer Stelle – entsprechend herausgestellt – Publikum und Presse beschäftigen.

Noch vor der definitiven Bestellung Graeffs tritt im Ronacher ein Komiker auf, der unter seiner Direktion auch engagiert wird und sich fortan wiederholt in diesem Haus präsentiert: Josef Modl, der somit zum langjährigen Hauskomiker avancierte. Modl, war schon vorher durch sein Auftreten in Drexlers Singspielhalle im Prater bekanntgeworden. Auf dem Weg dorthin wurde er oft von einer Schar von Lehrbuben begleitet, die immer in stürmische „Hoch Modl"-Rufe ausbrachen, was den stets geschmeichelten Komiker veranlaßte, eine Handvoll Kreuzer unter die Buben zu werfen, die sich solcherart ihr Entree für die Singspielhalle finanzierten.

Von sich reden gemacht hat Modl besonders 1889, als er im Verein mit anderen Künstlern die „Budapester Orpheum Gesellschaft" gründete, die vorerst beim „Schwarzen Adler" in der Taborstraße, dann bei Stalehner und Tökes in Hernals, später im Hotel Stephanie, ab 1903 im Hotel Central in der Taborstraße, anschließend in diversen Praterlokalitäten und schließlich 1911 in der späteren Roland-Bühne in der Praterstraße spielte.

Die Komiker dieser berühmt gewordenen Wiener Kleinkunstbühne schufen mit ihren Gesangsnummern und Possen eine in ihrer Ursprünglichkeit faszinierende Szene. Im besonderen ist es die jüdische Jargon-Komik, auch in ihren Einflüssen aus Budapest und Prag, die hier ein Domizil findet. Was 1912 Karl Kraus in der „Fackel" im Hinblick auf die Komiker Heinrich Eisenbach und Max Rott zu der oft wiedergegebenen Sentenz veranlaßt: „Es gibt kein Theater in Wien, dessen Leistung – von Girardis Einzigartigkeit abgesehen – an das wahre Theatervergnügen auch nur heranreicht, das die Herren Eisenbach und Rott gewähren. Von den Chargenkünsten der Unbekannten dieses Ensembles könnte ein Dutzend Reinhardts seinen Regieruhm bestreiten."

Modl trug zahlreiche Couplets vor, die weiteste Verbreitung fanden und deren Texte er sich zum Teil selbst schrieb wie „So g'frett sich halt a jeder fort" oder „Trink' ma no a Flascherl".

Das Jahr 1890 bringt aber auch das Auftreten eines internationalen Stars, nämlich von Little Tich. Dieser gebürtige Engländer mit dem bürgerlichen Namen Harry Relph wies eine Reihe von körperlichen Absonderlichkeiten auf. So saß auf seinem schmächtigen Körper ein überdimensionierter Kopf, an jeder Hand ein zusätzlicher Daumen und an jedem Fuß eine sechste Zehe. Seine Größe betrug nur 1,20 Meter. Little Tich wird als der (oder zumindest ein) Urvater der Exzentrik angesehen, und insbesondere Charlie Chaplin hat, nach eigener Aussage, von ihm sehr viel gelernt. Seine Hauptrequisiten waren riesige Schuhe, die ihm seinen berühmt gewordenen watschelnden Gang ermöglichten und auf deren äußerster Spitze er graziöse Tanzschritte ausführte. Dieses seltsame Männchen stellte vor allem populäre Typen wie Polizisten, Jockeys oder Balletteusen parodistisch dar und begann viele seiner Vorstellungen im Kostüm einer herausgeputzten Dame mit den Worten: „Ich bin – Sie werden es kaum glauben – die Tochter eines britischen Admirals."

Ein weiterer bekannter Artist in dieser Ära war der „Original-Manuflötist" und Vogelstimmenimitator C. Rudolph, der es „naturgetreu" zwitschern, krächzen, quaken, pfeifen, tirilieren ließ, aber auch durch seine Hände zu flöten vermochte, wobei sich als beliebte Piece das *Miserere* aus dem Troubadour anbot.

Programmheft aus dem Dezember 1901

Im Februar 1891 wurde Graeff aufgrund der immer kleiner werdenden Einnahmen des Hauses ein Mann zur Seite gestellt, der schon in London und Paris große Etablissements mit Erfolg geleitet hatte, der in Wien geborene Ludwig Moritz Waldmann. Im August desselben Jahres löste er seinen Vorgänger ganz ab und übernahm allein die Leitung des Hauses, die er bis zum Jahre 1907 innehatte. Damit stand das Ronacher erstmals für längere Zeit unter einer Direktion, die den Charakter des Hauses entscheidend prägte. Hatte Anton Ronacher die Linie des Hauses begründet, so hat Waldmann, darauf aufbauend, das Ronacher vom Inhalt des Gebotenen her erst so recht zu dem Haus gemacht, als das es in die Theatergeschichte eingegangen ist: zu einem über die Grenzen Europas hinaus bekannten Varietétheater, das bei aller Internationalität des Genres eine spezifisch wienerische Note beibehielt. Und zu einer Stätte, die zum Auftrittsort vieler Stars wurde, Stars des Varietés oder solche aus anderen Gefilden, die sich einmal oder gelegentlich dem Varieté zuwandten.

Waldmann gestaltete das Etablissement von Grund auf um, so wurde u.a. im 2. Rang des Zuschauerraumes ein Speisesaal eingebaut und ein Teil der Logen in Sitze umgewandelt. Er setzte die Preise herab und schuf vor allem wieder Programme, die auch für den verwöhntesten Zuschauer nicht der Anziehungskraft entbehrten. Waldmann erkannte auch, daß das Ronacher nicht fast ausschließlich Vergnügungsstätte der höheren und hohen Kreise sein konnte, sondern daß es der Unterhaltung des breiten Publikums dienen mußte. In Verfolgung dieses Gedankens trat auch im gastronomischen Bereich eine Neuerung ein: Wein mußte nun nicht mehr in Bouteillen bestellt werden, vielmehr stellte man auch auf Karaffen um, so daß der Wiener bequem zu seinem gewohnten „Vierterl" kommen konnte. Auch Soupieren war nun zu deutlich reduzierten Preisen möglich, die Küche galt als exzellent, und das Ronacher schenkte angeblich weit und breit das beste Bier aus.

In der Ära Waldmann kam es auch zu einer Einbindung von Theaterelementen in das Programm: Neben den artistischen Nummern und den Gesangsdarbietungen gelangten Sketches, kleine Singspiele, Burlesken, Schwänke und Kurzoperetten zur Aufführung, die starken Anklang beim Publikum fanden. Eine Übung, die sich übrigens im Wiener Varieté fest einbürgerte und nicht auf das Ronacher beschränkt blieb.

Unter der Leitung Waldmanns fanden im Ronacher zusammen mit dem Deutschen Volkstheater organisierte Wohltätigkeitsveranstaltungen statt. Dabei traten zahlreiche Wiener Publikumslieblinge auf, u.a. Adele Sandrock, Katharina Schratt, Helene Odilon, Alexander Girardi, Hugo Thimig, Joseph Giampietro und Adolph Ritter von Sonnenthal. Der Reingewinn ging an den Pensionsfonds des Volkstheaters.

Als eine besonderes Aufsehen erregende Attraktion der Ära Waldmann erweist sich das Engagement des Fakirs Hadji Soliman, der als unverwundbar und unempfindlich gegen jeden Schmerz angekündigt wird.[1])

Sein Auftritt ist in der Tat atemberaubend: Soliman durchbohrt sich mit langen Damenhutnadeln die Ohren, die Wangen, die Zunge, wobei nichts an ihm die leiseste Spur eines Schmerzes verrät. Er nimmt ein Glas zur Hand, bricht ein Stück davon ab und zerbeißt es knirschend. Dann legt er sich einen feingeschliffenen Säbel auf den Bauch, schlägt mit einem hölzernen Schlegel auf diesen Säbel und bittet auch einen Herrn aus dem Publikum, dies zu tun. Der Fakir fährt ferner mit einem Dolch in sein linkes Auge, zerrt es mit seinen Strängen und Muskeln heraus und läßt es nach einer Weile wieder zurückgleiten. „Zum Schlusse holt er aus dem Blechkäfig drei Vipern hervor, die er durch Zurufe und einen monotonen Singsang in Starre versetzt. Aber er erweckt sie wieder, läßt sich von einer in die Oberlippe, von der anderen in den Zeigefinger der linken Hand beißen, und der dritten beißt er den Kopf ab und ißt sie mit Appetit auf", schreibt das „Fremdenblatt".[2]) Und das Blatt endet mit der lapidaren Feststellung: „Man geht fort, nimmt aber Anlaß genug mit, um sich über das Räthsel des seltsamen Gastes den Kopf zu zerbrechen."[3])

Little Tich, der als ein Urvater der Exzentrik gilt und von dem sich auch Charlie Chaplin inspirieren ließ

In Waldmanns Direktionszeit kommt auch Anton Ronacher als Gast in sein früheres Haus. Er wird natürlich sofort erkannt und von der Bühne herunter stürmisch begrüßt, während ihm sein Nachfolger die gebührende Aufwartung macht. Das Wiener Publikum hat seit dem Abgang Ronachers dessen weitere Stationen in den Zeitungen mit Interesse verfolgt. So hatte Ronacher Verhandlungen in Budapest und in Berlin zur Gründung vergleichbarer Etablissements aufgenommen. In den Zeitungen las man auch, daß für den 15. September 1892 in Berlin die Eröffnung des Theaters „Unter den Linden" vorgesehen wäre. Und daß Ronacher für diese Premiere für seine Wiener Freunde einen Extrazug bereitstellen lassen wollte. Aber dazu sollte es nicht mehr kommen.

Anton Ronacher erkrankte bald schwer, fuhr zur Kur nach Karlsbad, die er aber wieder abbrach, um das Sanatorium Löw in Wien aufzusuchen. Am 24. Juni 1892 ist er hier, nach zuletzt qualvollem Leiden, an Leberkrebs gestorben.

Die bekannte Artistenfamilie Kremo, die u. a. eine Trapeznummer und eine Recknummer präsentierte

Georg Jagendorfer in Wildwest-Pose

Anmerkungen:
1) Hadji Soliman war allerdings schon in der Ära Ronacher im Hause aufgetreten.
2) Fremdenblatt, 10. März 1892
3) Ebda.

V. Fin de siècle

Gertrude Barrison, eine der fünf Barrison-Sisters, die später im Cabaret Fledermaus auftrat und 1920 in Wien eine Schule für Kunsttanz begründete

1893 kam Yvette Guilbert ans Ronacher; 1898 konnte sie von Waldmann für ein zweites Gastspiel gewonnen werden. Pariser Berühmtheiten sind fast immer auch Weltberühmtheiten gewesen, und so wußte denn das Wiener Publikum über ihr Aussehen bestens Bescheid, über das knochige Gesicht mit der spitzen Nase und den oft spöttisch, mitunter aber auch hart dreinblickenden Augen, der fast hageren Gestalt und dem langen Hals, dem rötlichen strohigen Haar, dem weißen Seidenkleid und den langen schwarzen Handschuhen. Die Wirkung der vor allem durch die Lithographien Toulouse-Lautrecs verewigten „Diseuse des Fin de siècle", wie sie oft genannt wurde, muß ungeheuer gewesen sein. Mit wenigen suggestiven Gebärden schuf sie Mit- und Gegenspieler und entwickelte aus kurzen Liedzeilen mit zarter und dann wieder heiserer Stimme ganze Schicksale. Frech, zynisch, voll überlegenem Hohn, aber auch voll Innigkeit, voll träumerischer Versunkenheit, sang sie ihre Lieder vom Glanz und vom Schmutz der Welt, von brennendem Übermut und ängstlicher Hoffnung, wilder Entschlossenheit und nur mühsam unterdrücktem Schaudern, von dumpfer Verzweiflung und kaltem Ekel. In ihrer vollendeten Gestaltung, mit der sie diese Lieder mehr spielte als sang, vermochte Zärtlichkeit in herbe Bitternis, kindliche Naivität in eine grelle Groteske, quälende Sehnsucht in ein schaurig-gespenstisches Notturno jäh umzuschlagen. Als ein lebendes Todesplakat wurde sie bezeichnet, was sie, wie sie auch selbst schreibt, auch sein wollte. „Dieser strahlende, schmelzende Mund war mit einem sonnig warmen Geranium-Rot geschminkt, das sich schreiend abhob von meinem bleichen Gesicht, einem Totengesicht, einer Maske."[1])

Die Guilbert setzte durch ihre außergewöhnliche Persönlichkeit das in die Praxis um, worüber um die Jahrhundertwende vor allem in Deutschland heftig theoretisiert wurde, nämlich durch das Varieté auf den Geschmack der Menge verfeinert einzuwirken. So schrieb Oskar Panizza 1896 in einem Aufsatz von einem Eindringen des Varietéstils in die Literatur, das Theater und die bildende Kunst und führte als Beispiel das Œuvre von Frank Wedekind und Otto Julius Bierbaum an.[2]) Bierbaum behandelte die Schaffung eines literarischen Varietés 1897

Das Ronacher um 1896

in seinem Roman „Stilpe", in dem er den Protagonisten, den verkrachten Literaten und einst sehr gefürchteten Kritiker Willibald Stilpe, das Varietétheater *Momus* gründen läßt. Voll Enthusiasmus erklärt Stilpe: „Denn zu uns, ins Tingeltangel, werden alle kommen, die Theater und Museen ebenso ängstlich fliehen wie die Kirche." Und: „Wir werden eine neue Cultur herbeitanzen! Das Unanständige werden wir zum einzig Anständigen krönen! Das Nackte werden wir in seiner ganzen Schönheit neu aufrichten vor allem Volke! Lustig und lüstig werden wir diese infame, moralklapprige Welt wieder machen, lustig und himmlisch frech!"[3]) Stilpe scheitert freilich und erhängt sich zum Vergnügen der Zuschauer auf offener Bühne.

Titelseite des Programms vom 8. Dezember 1890

Arthur Moeller van den Bruck, dieser schillernde Außenseiter der Kulturszenerie, der dann nach dem Ersten Weltkrieg der wahrscheinlich bedeutendste Sprecher der Jungkonservativen in der Weimarer Republik werden und mit seinem 1922 veröffentlichten Werk „Das Dritte Reich" der nationalsozialistischen Bewegung eines ihrer wichtigsten Schlagworte liefern sollte, hatte 1902 sein 800 Seiten umfassendes Buch „Die moderne Literatur in Gruppen- und Einzeldarstellungen" herausgebracht. Hier „legte Moeller seine Ansicht dar, daß sich während der vergangenen Jahrzehnte eine gewaltige Umwälzung auf geistigem Gebiet vollzogen habe, die von Nietzsche als erstem erkannt worden sei und deren Bedeutung nunmehr von einer neuen Künstlergeneration begriffen und erklärt werden müsse."[4])

Yvette Guilbert (1867–1944), die gefeiertste Diseuse des Fin de siècle

Moeller van den Bruck „verband eine grob vereinfachte, wenn auch weitverbreitete Vorstellung von Nietzsches Übermenschen mit einer ebenso stark vereinfachten Auffassung von Darwins Kampf ums Dasein, und baute darauf eine Einstellung auf, an der er zeitlebens festhielt."[5])

Moellers Kulturphilosophie läßt sich in den Grundgedanken auch in seinem wenig später, aber auch noch im Jahre 1902 veröffentlichten Buch „Das Varieté" verfolgen, in dem er dem abwertenden Urteil, wonach das Varieté bloß ein „Sammelsurium des Äußerlichsten vom Äußerlichen"[6]) sei, vehement und mit sprachlich schwelgerischer Brillanz entgegentrat. Sah er doch im Varieté eine kulturgeschichtliche Kuriosität, dem „dereinst die großen Schöpfungen der großen Szene entstiegen sein werden."[7])

Liedstilen und hier im besonderen den Chansons der Yvette Guilbert ist in Moellers Buch ein eigenes Kapitel gewidmet, in dem er über die große Diseuse u. a. schreibt: „Wie sie im Formlichen auf jede Improvisation verzichtete und die übliche leichte librettohafte Rezitation der Chansonieren durch eine neue, schwere dramatische Deklamation überwand, so hing sie im Inhaltlichen neben die komische Maske, die bis dahin die Aufgaben offiziell allegorisiert hatte, die das Varieté sich gestellt, die tragische Maske auf, die das alte Theater für sich allein in Anspruch genommen. Und das war eine That – vorausgesetzt, wir bekommen aus dem modernen Varietégeist heraus das große Spiel unserer Leidenschaften – die vielleicht allein mit der des Thespis verglichen werden kann."[8])

Zu den zahlreichen Liedern, die Yvette Guilbert im Ronacher vortrug, gehörte auch „Wie man zu Bett geht" („Les Petits Couchers"), das der Sängerin zu einer ihrer großartigsten Metamorphosen verhalf. Da war das kleine, sich in die warmen Kissen schmiegende Mädchen, das hinter zugeriegelter Türe Heines „Buch der Lieder" liest, die Braut, die voll ängstlicher Erwartung der Hochzeitsnacht entgegensieht und, kaum ein Jahr später, gelangweilt die nächtlichen „Ehefreuden" über sich ergehen läßt, und die Witwe, die mit einem dicken Mops das Bett als beider Lieblingsplatz teilt. Und sie sang hier auch „Das kleine Schweinchen" („Le P'tit Cochon"), das wahrscheinlich das bekannteste Lied der Guilbert geworden ist und vom Publikum wie ein Aphrodisiakum aufgesogen wurde. Hier ging es um das Hahnreitum, mit dem man sich abgefunden und arrangiert hat, eine Satire auf die Ehe zu dritt, die auf vielen Pariser Bühnen ihr Wesen trieb. Ein immer trauriges in sich hineingrunzendes Schwein bekam endlich eine Freundin, doch war die Freude nur von kurzer Dauer, weil sich bald ein erfolgreicher Nebenbuhler fand. Doch willigte das Schweinchen in die Teilung ein, und so heißt es schließlich:

„Ils sont heureux, tous trois
Et vivent comm'des rois."

1894 trat „The Karnos Pantomime excentrique" im Ronacher auf. Der Artist Fred Karno, der erst als Impresario seine eigentliche Bestimmung fand, hatte in der Londoner Vorstadt Camberwell „Karnos Fun

Factory" gegründet, ein Unternehmen, in dem Komiker aus- und fortgebildet und in speziell verfaßten Sketches eingesetzt wurden. Zu Hunderten traten diese Truppen als „Fred Karnos Companies" in den Music Halls und Varietétheatern auf. Charlie Chaplin, der bekanntlich seine Laufbahn am Varieté begonnen hat, ist durch diese Schule gegangen und hat in Karno-Shows den Grundstein zu seiner Karriere gelegt.

Die weltbekannte Ausdruckstänzerin Loïe Fuller (1862–1928) in Salomes „Tanz der sieben Schleier"

1895 hatte Waldmann „The Five Sisters Barrison" an das Ronacher engagiert. „The Five Sisters Barrison" waren junge anglo-dänische Tanzsoubretten, die angeblich 1893 auf der Weltausstellung in Chicago entdeckt worden waren. Die Folies-Bergère hatten sie nach Europa geholt, Berlin mit dem Wintergarten folgte, bevor sie nach Wien und Budapest gingen.

Man muß die Barrisons gesehen haben, diese geradezu verpflichtende Parole sprang einem überall, wo sie hinkamen, von den Plakatsäulen und aus den Zeitungsanzeigen entgegen, in den Schaufenstern waren ihre Bilder ausgestellt, auch auf Wandkalendern und Reiseandenken verewigt. „Sie waren entzückend mit ihren kindlich schmiegsamen, schnippisch fahrigen Bewegungen, die in so lustigem eckigem Linger-Longer-Loo-Takt aus dem spitzenrauschenden Froufrou-Gewühl hastig herauslugten, mit ihren hellen und oft ein wenig schrilligen Kleinmädchenstimmen, ihrem vertraulich wissenden Lächeln und dem goldblonden Haar, das einfach gescheitelt und gewellt um die lieben Gesichter lag."[9])

Publikum und Presse waren von dem schamhaft-schamlosen Spiel der Kindfrauen fasziniert, und das „Wiener Tagblatt" begann seine Rezension wie folgt: „Ein österreichischer Patriot hat einmal den

Lona Barrison trennte sich vor der Jahrhundertwende von ihren Schwestern und trat dann in Solodarbietungen auf, die zahlreiche Skandale hervorriefen.

Die Barrison-Sisters, die durch ihre kindlich-schmiegsamen Bewegungen entzückten

melancholischen Satz ausgesprochen, daß unser Vaterland immer um eine Idee zurück sei. Seit gestern Mitternacht hat Österreich, hat Wien wieder einen solchen Rückstand überwunden, ist eine Verspätung, welche schwer auf unserem lokalpatriotischen Bewußtsein gelastet hat, eingeholt, eine tief und schmerzlich empfundene Lücke unseres Großstadtlebens endlich ausgefüllt worden: Wir haben die echten ‚Five Sisters Barrison' zu Gesicht bekommen ..."[10]) Das „Fremdenblatt" schrieb u. a.: „Der Vorhang hebt sich leise, kaum einen Zoll hoch, und man gewahrt die zehn reizenden Füßchen der fünf Schwestern ... Nun hebt sich der Vorhang, und man sieht die fünf Schwestern nebeneinander sitzen, ... auf dem Fußboden ... Die fünf Damen sind bis auf das i-Tüpfelchen gleich gekleidet ... Zu ihrem ersten Liedchen ‚On the Bowery' tragen sie ein reizendes Babykostüm. Beim zweiten Lied umgibt eine duftige weiße, mit zahllosen Falben und Spitzen garnierte Toilette aus Crêpe de Chine ihre graziösen Wespengestalten, ... Ihre Lieder sind eigentlich amerikanische Gassenhauer, aber sie werden mit soviel Geschmack vorgetragen, daß Bedenken über die Provenienz dieser ‚Songs' nicht aufkommen können."[11]) Diese Songs waren vor allem das schon erwähnte „On the Bowery", das vom Treiben in der Bowerystraße in New York mit ihren berüchtigten Händlern handelt, und „Linger longer Lucy", ein Lied, das Weltpopularität erlangt hat und von Sidney Jones, dem Komponisten seinerzeit erfolgreicher Operetten wie „The Geisha", stammt.

Im selben Programm wie die Barrison-Sisters traten u. a. auch der international renommierte Dressurclown Jean Clermont mit Hunden, Katzen, Gänsen, Hühnern, Enten, Schweinen und Esel auf, wobei ein Pudel auf dem Klavier „Letzte Rose" spielte. Ferner der Komiker Richard Waldemar, dessen Couplets und Soloszenen echte Volkstümlichkeit errungen haben und an den etliche Schellackplatten und eine Gasse in Wien erinnern. Durch Jahrzehnte ist Waldemar in den verschiedenen Varietés, aber auch als Charakterkomiker in zahlreichen Operetten aufgetreten und immer wieder an das Ronacher zurückgekommen. Schließlich auch die Soubrette auf dem Fahrrad Miß Tutti-Frutti, über die das „Wiener Tagblatt" schrieb: „Bei der Popularität, welcher sich das Zweirad in Wien erfreut, ist die Idee, sich per Zweirad in die Gunst des Publikums hineinzusingen, gar nicht so übel."[12])

Die Barrison-Sisters wurden oft parodiert, und das Ronacherpublikum sah eine solche Parodie schon Monate vor ihrem Auftreten im Rahmen eines Volkstheaterabends. Hier hießen sie „Die Five Sisters Parisson" und wurden von Ida Bauer, Josefine Glöckner, Lina Gribl, Rosa Retty und Helene Odilon dargestellt. Auch das Budapester Orpheum hatte sich des Barrison-Rummels angenommen und als Parodie „Die fünf Schwestern Barcheson" gebracht.

Ein weiteres großes Ereignis in der Ära Waldmann war 1898 das Auftreten der Tänzerin Loïe Fuller, die als eine der bedeutendsten Darstellerinnen des Ausdruckstanzes gesehen werden muß. Die Bemühungen um den Ausdruckstanz richteten sich gegen die vielfach als erstarrt empfundenen Konventionen des 19. Jahrhunderts, das traditionelle Ballett wurde teilweise als überaltet angesehen. Es hieß wegzukommen vom Tanz auf der Fußspitze, von der automatischen Stereotypie der Armbewegungen, vom erstarrten Lächeln und sich hinzuwenden auf ein, wie man es nannte, „Tanzen mit der Seele". Vorbilder waren der Tanz in der Antike und die Tänze exotischer Völker. Während bei den „Balletts russes" die „Erneuerung vom klassischen

Auch im Ronacher löste Loïe Fullers Tanzkunst eine Welle der Begeisterung aus.

Ballett" ausging, „das zum impressioniblen Gesamtkunstwerk ausgeformt wurde",[13]) man also den Weg einer organischen Weiterentwicklung beschritt, „wollte der Ausdruckstanz den absoluten Bruch mit allem Bisherigen, trat also viel radikaler in Erscheinung".[14]) Rudolf von Laban, Isadora Duncan, Ruth Saint Denis, Loïe Fuller und Michail Fokin stehen maßgebend in dieser Bewegung.

„La Loïe", wie die Franzosen die Amerikanerin Loïe Fuller zärtlich nannten, gastierte, nachdem sie 1892 in Paris in den Folies-Bergère debütiert hatte, in zahlreichen europäischen Großstädten. Ihre wahrscheinlich berühmteste Tanzschöpfung wurde der Serpentinentanz, in dem sie mittels langer, die Arme verlängernder Stäbe Schleier im Lichte verschiedener Scheinwerfer aufflattern ließ, so daß der Eindruck bewegter Farben hervorgerufen wurde. Die Fuller, die sich selbst als „une fanatique de la couleur" bezeichnete, bot so ein Lichterspiel der Farben in pausenlos wechselnder Schattierung und Bewegung, wobei sie den Wechsel der über sie eilenden Farbströme von Rot, Gelb, Blau, Grün, von Blaurot, Rotgelb, Grünblau und all den zahlreichen Nuancen mit ihren eigenen Bewegungen genau in Übereinstimmung zu bringen wußte. Dichter, Maler, Bildhauer schwärmten in mitunter exaltierten Elogen von ihr, wie Mallarmé, der ihre „métamorphoses fantasmagoriques" bewunderte, oder Jean Lorrain, der ekstatisch ausrief: „La Loïe Fuller ne brûle pas, elle est la flamme elle-même."[15]) Es liegt auf der Hand, daß die Impressionisten, die alle Arten des Lichterspiels und der Reflexion genauestens studierten, ihr begeistert zujubelten. Toulouse-Lautrec malte sie als einen hexenhaft schwebenden Farbschleier, und Jules Chéret gestaltete gespenstig-bizarr ihren „Danse du feu". In diesem Feuertanz, den sie, von unten beleuchtet, auf einem Glasboden ausführte, schien sie in Glut zu schweben, zu glühen, zu verbrennen, man sah durch ihren Körper geradezu hindurch, bis sie mit einem Ruck zusammenbrach und noch einmal eine Feuersäule emporschoß.

Auch im Ronacher löste die Fuller eine Welle der Begeisterung, ja des Entzückens aus, und wenn der Vorhang fiel, dauerte es langwährende Sekunden, bis sich das Publikum allmählich fassen und erinnern konnte, daß es im Theater saß.

Waldmanns Programme lassen aber auch sonst, was die Vielfältigkeit und Qualität des Gebotenen betrifft, kaum Wünsche offen. Da finden sich die beiden schwarzen Exzentriker „Brooks & Duncan", die sich bereits von früheren Gastspielen in Wien, etwa in Danzers Orpheum, großer Beliebtheit erfreuten. Die Truppe Sylvester Kremo tritt auf, Repräsentanten einer der bekanntesten Artistenfamilien, und demonstriert bravouröse Produktionen am 3fachen Reck. Auch Kara, der große Gentleman-Jongleur, kommt ans Ronacher. Zirka um 1890 war der Typus dieser Jongleur-Spezies entstanden, dessen Exterieur, meist mit Frack oder Smoking, mit Abendmantel und Zylinder, auf den „eleganten Herren" hinwies, der sich zum Souper in einem vornehmen Restaurant einfand. Der Stil des wahren Gentleman-Jongleurs zeichnete sich durch bestechende Eleganz und durch Überraschungswirkungen aus. Kara jonglierte beispielsweise in einer Hand Messer, Gabel und Apfel und in der anderen einen Teller und eine offene Serviette, bis schließlich alle fünf Gegenstände aufgefangen wurden; die Gabel bohrte sich in den auf der Messerspitze aufgespießten Apfel, und die Serviette breitete sich darüber.

Die beiden schwarzen Exzentriker „Brooks and Duncan"

Auch VolkssängerInnen scheinen immer wieder in den Programmen auf, wie beispielsweise die wiederholt hier auftretende Rosa Bauer, Interpretin zahlreicher Lieder des Hauskapellmeisters Karl Kratzl, oder die resche Mirzl Koblassa, als deren Leiblied „I pass' zu keiner Klosterfrau" galt.

1897 traten „The Sennetts" in ihrer Pantomime „Eine Szene im zoologischen Garten" im Ronacher auf. Mit größter Wahrscheinlichkeit handelte es sich hierbei um Mack Sennett, der ja etliche Jahre beim Varieté als Clown, Sänger und Tänzer wirkte, ehe er sich dem Film zuwandte und zum Schöpfer der „Slapstick Comedy" wurde. Sennetts Schule haben bekanntlich auch einige der Großen wie Charlie Chaplin oder Buster Keaton durchlaufen.

Nun meldete sich als neue Attraktion auch der Film, und das Ronacher bringt – oft als Schlußpunkt des Abendprogrammes – „Lebende Photographien". Abwechselnd werden der Kosmograph, das Bioskop, das Vitaskop und schließlich der Kinematograph angekündigt. Tatsächlich gab es viele, einander ähnliche patentierte Apparate, die bald wieder verschwanden, um anderen Platz zu machen, deren Verwendungszeit ihrerseits wiederum nur von kurzer Dauer war, was in den technischen Mängeln und Unzulänglichkeiten der Apparaturen begründet lag.

Zahlreiche Bücher nennen als die Geburtsstunde des Films – der etliche Vorläufer hat – die erste öffentliche Präsentation der Brüder Lumière im Keller des Grand Café auf dem Boulevard des Capucines in Paris am 28. Dezember 1895. Was nicht richtig ist, da die Brüder Skladanowsky bereits am 1. November 1895 im Berliner Varieté Wintergarten Vorführungen fotografierter Bewegungsbilder mittels eines Projektors zeigten.

Schon kurze Zeit nach diesen ersten öffentlichen Kinovorstellungen kam es auch in Wien zu derartigen Vorführungen. So präsentierte Eugène Dupont bereits am 27. März 1896 mit dem Lumièrschen Kinematographen „Lebende Photographien" und begann seine von nun an täglich stattfindenden Vorstellungen in einem Lokal im 1. Bezirk, in der Kärntner Straße 45, das man somit als das erste Kino in Österreich ansprechen kann. Auch Kaiser Franz Joseph wohnte einer Vorführung bei, über dessen Besuch die „Neue Freie Presse" vom 17. April 1896 u.a. berichtet: „... Ein großer Theil des Repertoires des Cinematographen, der Meeresstrand mit den schwimmenden Kindern, die Ankunft eines Zuges, die einstürzende Mauer etc. wurde dem Kaiser vorgeführt, der sein lebhaftes Interesse für den sinnreichen Apparat äußerte."[16])

Der Film, der als eine interessante Kuriosität, aber kaum noch als eine neue Kunstgattung angesehen wurde, fand im Ronacher auch eine bühnenmäßige Parodie. Sie ging anläßlich eines vom „Verein Deutscher Bühnenmitglieder Österreichs" im April 1897 veranstalteten „Großen Schauspieler-Abends" mit dem an Nestroy angelehnten Titel „Antothespiscarocynematophonograph" oder „Wir brauchen keine Schauspieler mehr" mit so prominenten Darstellern wie Hansi

Niese und den Herren Karl Blasel, Josef Schildkraut und Karl von Zeska in Szene.

Als das 20. Jahrhundert anbricht, feiert man natürlich auch im Ronacher Silvester, in ausgelassenster Stimmung, mit einem sehr aufwendigen Programm, einer feierlichen Ansprache des Direktors und mit dem Abspielen der Kaiserhymne. Der Seilexzentriker Harry Lamore betritt das Drahtseil und ruft laut aus: „Der Weg durchs kommende Jahrhundert!" Seltsam unsicher ist sein Gang über das Seil, das öfters

Cancan-Tänzerinnen (aus: Moeller van den Bruck, Das Varieté)

bedrohlich schwankt, mehrmals hat es den Anschein, als ob der Artist straucheln, ja abstürzen würde, während er sich gleichzeitig laufend verwandelt, in eine alte und dann wieder in eine junge Frau, in einen Soldaten und andere Gestalten. Endlich ist er aber doch am anderen Ende angekommen und ruft jubelnd das Jahr Zweitausend aus.

In das Gesicht des Fin de siècle sind die Spuren des Auflösungsprozesses der Franz-Joseph-Zeit schon eingegraben. Unaufhaltsam dringen die Postulate eines neuen Zeitalters mit seinen dramatischen sozialen Umschichtungen und seinen politischen Massenbewegungen in das allmähliche Vergehen und Nachklingen dieser Epoche vor.

Hermann Broch prägte dafür später die paradoxe Formel von der „fröhlichen Apokalypse Wiens", diesem merkwürdigen Nebeneinander von Untergangsstimmung und Diesseitsfreudigkeit.

1899 war die erste Nummer der „Fackel", herausgegeben von Karl Kraus erschienen, gleichzeitig ist es das Todesjahr von Johann Strauß.

1900 ist das Todesjahr Nietzsches und das Erscheinungsjahr von Freuds „Die Traumdeutung", nachdem sich ihm am 24. Juli 1895 im Bellevue am Cobenzl das Geheimnis des Traumes enthüllt hatte – als chiffrierte Erfüllung unbewußter Wünsche. Arthur Schnitzler, der wie es Friedell ausdrückte, „den Mut und die Kraft besessen" hat, „in die geheimnisvolle Dunkelkammer des menschlichen Unterbewußtseins hinabzusteigen"[17]), veröffentlichte in diesem Jahr seinen die bürgerlichen Moralvorstellungen provozierenden „Reigen".

Auf dem Gebiet der bildenden Kunst war die Gründung der Wiener Secession im März 1897 durch 19 Wiener Maler und Architekten unter der Führung von Gustav Klimt das wesentlichste Ereignis im Wien der Jahrhundertwende.

Anmerkungen:

1) Yvette Guilbert, Gebt mir eine Bühne. In: Frauke Deißner-Jensen (Hrsg.), Chanson mein Leben, S. 30
2) Oskar Panizza: Der Klassizismus und das Eindringen des Varietés. Eine Studie über den zeitgenössischen Geschmack. In: Die Gesellschaft. Monatsschrift für Literatur, Kunst- und Sozialpolitik, Leipzig, Jahrgang 13 (1896), S. 1252 ff.
3) Otto Julius Bierbaum: Stilpe – Roman aus der Froschperspektive, S. 357 ff.
4) Fritz Stern, Kulturpessimismus als politische Gefahr, S. 228 ff.
5) Ebda., S. 229
6) Arthur Moeller-Bruck, Das Varieté, S. 4
7) Ebda., S. 37
8) Ebda., S. 212 ff.
9) Ebda., S. 171
10) Wiener Tagblatt, 18. Okt. 1895
11) Fremdenblatt, 18. Okt. 1895
12) Wiener Tagblatt, 18. Okt. 1895
13) Heinz Kindermann, Theatergeschichte Europas. Bd. IX, S. 468
14) Ebda., S. 468
15) Zitiert nach ebda., S. 156
16) Neue Freie Presse, 17. April 1896
17) Egon Friedell, Kulturgeschichte der Neuzeit. Band 3, S. 511

VI. Ein führendes Varietétheater

Ludwig Moritz Waldmann,
Direktor des Ronachers von 1891–1907

Das Ronacher, das seine wechselvollen Anfangszeiten überstanden hatte, steuerte unter Direktor Waldmann mit anhaltendem Erfolgskurs ins 20. Jahrhundert. Es war zu einem der führenden Varietétheater des Kontinents geworden, unbestritten aber auch zur maßgebenden Bühne des Genres in Wien.

Im April 1900 ist Capt. Woodward mit seinen dressierten Seelöwen an das Haus engagiert. Dompteure von Robben haben sich ja von Anfang an „Kapitäne" oder „Captains" genannt, um ihre Verbindung mit dem Meer augenfällig zu machen, und das ist im wesentlichen bis heute so geblieben. Robben, die auch bescheidene Kunststücke vorführten, waren als gelegentliche Jahrmarktsattraktion schon lange in Erscheinung getreten und dort mitunter bombastisch als „Wunder der Meere", ja sogar als Seejungfrauen und Sirenen angekündigt worden. Zu einer Robbendressur auf hohem artistischem Niveau ist es jedoch erst gegen Ende des 19. Jahrhunderts gekommen. Das geht vor allem auf den Engländer James Woodward zurück, der durch längere Zeit Seelöwen an der kalifornischen Küste beobachtet und hierbei gesehen hatte, wie diese ihre im Meer gefangenen Fische, bevor sie sie endgültig verzehrten, erst einmal richtig in die Luft warfen, um sie dann mit dem Kopf nach unten aufzufangen und in den Schlund gleiten zu lassen. Auf dieser Beobachtung wurde dann die spätere Dressur mit den jonglierenden Robben aufgebaut.

Im März 1902 kommt Harry Houdini ans Ronacher, Träger eines bis heute weltberühmten Namens. Seine Berühmtheit verdankt Houdini, der schon zu Lebzeiten eine legendäre Persönlichkeit war und eigentlich Erich Weiß hieß, vor allem seinen Leistungen als Entfesselungskünstler und als „Ausbrecherkönig". Houdini befreite sich blitzschnell aus Fesseln, Handschellen, Zwangsjacken, aus verschlossenen Glaskästen, versiegelten Kisten und Wasserbehältern. Als fabelhafter Manager seiner Kunst startete er auch immer wieder spektakulärste Aktionen. Als ihm 1902 von einem deutschen Polizisten Betrug vorgeworfen wurde, klagte er prompt und gewann das Verfahren, da er sich von den Fesseln befreien konnte, die ihm bei der Verhandlung auf seinen Wunsch hin angelegt worden waren. 1903 nahm er es mit der russischen Geheimpolizei auf und ließ sich gefesselt in einen vergitterten Gefängniswagen sperren. Nach 20 Minuten war er frei. 1906 brachte er die Behörde des Staatsgefängnisses in Washington dazu, ihn in eine der Todeszellen zu stecken. Nach knapp einer halben Stunde war er nicht nur entkommen, sondern hatte auch die Türen anderer Zellen geöffnet, Gefangene vertauscht und auch diese Türen wieder verriegelt. Einen gewissen Namen erwarb sich Houdini nicht zuletzt in der Entlarvung spiritistischer und okkulter Phänomene.

Houdinis Drang, sich in enge Behältnisse einschließen zu lassen, um sich aus ihnen zu befreien, wurde als ständige Wiederholung der ersten Flucht seiner Existenz gedeutet, der Befreiung aus dem Mutterschoß. Sie kann aber auch als Perpetuierung des Versuches, dem Tod zu entfliehen, gesehen werden. Dem Tod, dem er tatsächlich entfliehen mußte, wenn er sich beispielsweise gefesselt in einen Fluß werfen ließ und kurz darauf, von den Fesseln befreit, wiederum auftauchte.

Im Programm des Aprils 1902 tritt Tilly Bébé, eine der bekanntesten Raubtierbändigerinnen, auf. Es war eine Zeit, in der „die Dompteuse für viele junge Mädchen aus ‚bürgerlichem Hause' zum ersehnten Traumberuf"[1]) wurde, wobei es im Regelfall bei einer romantischen Backfischschwärmerei blieb. Dennoch hat es mehrere Fälle gegeben, wo Mädchen „bürgerlicher Herkunft" tatsächlich Dompteusen wurden, und zu ihnen zählt Tilly Bébé, die, bei Wien geboren, ursprünglich Sekretärin in einer Rechtsanwaltskanzlei war und Mathilde Rupp hieß.

Tilly Bébé hat damals im Ronacher mit einer 12köpfigen Löwengruppe ihren internationalen Durchbruch geschafft. Die 23jährige, die in einem hellblauen Kinderkleidchen und einer ebensolchen Masche im Haar ihre Löwen vorführte, hatte die Dressur als „Spielerei" angelegt, ritt u. a. auf einem der Tiere, ließ die Gruppe Pyramiden bauen und spielte sogar Ball mit ihnen.

Im Dezember 1902 war am Carltheater die Operette „Der Rastelbinder" von Franz Lehár uraufgeführt worden, die es in den ersten 13 Monaten zu über 220 Aufführungen brachte und innerhalb weniger Monate zahlreiche in- und ausländische Bühnen eroberte. Im April 1903 finden wir daher im Ronacher die Soubrette Ella Captivé, die ein Lied aus dem „Rastelbinder" vorträgt (wobei das Programmheft den Vermerk enthält, daß das Flügelhornsolo von Herrn Fischer geblasen wird). Im Februarprogramm 1904 figurieren als Attraktion „Die weiblichen Rastelbinder" – ein „Original Verwandlungs-, Gesangs- und Tanz-Sextett".

Miss Orford mit ihren dressierten Elefanten gastierte im September 1907 im Ronacher.

Igor Peschkoff und seine Tanztruppe, 1911. Immer wieder präsentierten sich russische und ukrainische Tanzensembles im Ronacher.

Nach wie vor gibt es in den Programmen auch „Lebende Photographie", wie immer sie im einzelnen auch bezeichnet werden mochte. An sich verlief die Entwicklung (sowohl was die Produktion als auch was die Vorführung von Filmen betrifft) in Österreich langsam. 1903 gab es in Wien erst drei ständige Kinos, 1907 zehn, 1915 freilich bereits 150.[2]) Und während in Frankreich, in den USA und später dann auch in Deutschland schon emsig produziert wurde, kamen hier erst 1906 erste Filmherstellungsversuche zustande.

Die Schausteller hatten freilich in ihrem ständigen Streben, sich technische Neuerungen zunutze zu machen, sehr schnell die Attraktivität des Kinos erkannt und sich dementsprechend eingerichtet. So wie der Prater schon früh Sitz von zwei ständigen Kinos war, in denen man beileibe kein neues Medium, sondern nur eine besondere Form der Schaubudenattraktion sah, schlugen reisende Kinovorführer ihre Zelte auf den Plätzen der Peripherie, in Simmering oder Ottakring oder wo auch immer, auf. Vor dem Zelt, vor dem sich mitunter prächtige Fassaden im Talmi-Barock oder Talmi-Rokoko auftürmten, dröhnte das Orchestrion. Und eine Dampfmaschine, die den Strom für die elektrische Lichtanlage erzeugte, stieß pfauchend Rauchwolken aus.

So ist der Film in seinen ersten Anfängen vor allem eine Attraktion des Varietés und der Schaustellung gewesen, denn es faszinierte die Tatsache, daß es „Lebende Photographie" gab. Die Kinovorführungen, die sich aus einer Reihe von verschiedenen Filmen zusammensetzten, strotzten von einer bunten Vielfalt, und das Publikum zeigte sich fasziniert bei der Beobachtung von Eisenbahnzügen und Straßenszenen, militärischen Evolutionen und fremden Städten und vielem anderen mehr.

Im Jahre 1904 bekam das Ronacher einen großen Konkurrenten, das Apollo in der Gumpendorfer Straße, das sich ebenfalls als internationales Großvarieté präsentierte und dessen Direktor und späterer Eigentümer Ben Tieber das Haus von seiner Eröffnung bis zu seinem Ableben im Jahre 1925 leitete. Ben Tieber, der als Fachmann ersten Ranges und als Varietémanager großen Stils in die Geschichte des Genres eingegangen ist, kam übrigens auch zu literarischen Ehren – sein Name wird in den „Letzten Tagen der Menschheit" von Karl Kraus zitiert. Grundsätzlich und vor allem längerfristig gesehen, ist zwischen den beiden Häusern kein allzu großer Unterschied gewesen, denn hier wie dort gab es vielfältigste Varietéprogramme. Trotzdem haben sich Ronacher und Apollo, die oft in großer Rivalität zueinander standen, zu bestimmten Zeiten in der Gestaltung und Setzung der Schwerpunkte ihrer Programme durchaus unterschieden.

Im Jahre 1906 fand ein größerer Umbau des Hauses in der Seilerstätte statt, diesmal im Sinne der Rückführung zu einem Theater. Es wurde wiederum eine durch einen eisernen Vorhang getrennte Bühne eingebaut, so daß nunmehr auch genügend Platz für größere Darbietungen gegeben war. Und wieder war es die Firma Fellner & Helmer, die diesen Umbau bewerkstelligte.

Pernelets Krokodildressur stellte im September 1906 eine echte Sensation dar.

Im September des Jahres 1906 spielt man im Ronacher „Rund ums Jahr", ein Tanzmärchen in 15 Bildern von Heinrich Regel, mit der eingängigen Musik von Josef Bayer, dem Komponisten der „Puppenfee" und anderer, heute weitgehend vergessener Ballette. Es ist eine hübsche Belanglosigkeit mit einer melodiösen Musik, einer sehr gefälligen Ausstattung und anziehenden Mädchen. Im selben Programm gibt es aber auch noch etliche andere Attraktionen, darunter Mr. Pernelet mit seinen 40 Krokodilen. Bei dieser faszinierenden Darbietung wird zunächst ein großes Glasbassin mit den vor sich hindösenden Krokodilen und Alligatoren auf die Bühne geschoben. Pernelet jagt nun die Tiere mit einem Stock durcheinander, so daß sie schnaufend herumschwimmen. Der bärtige Dompteur, im Abendanzug und mit einem starken Lederschutz um die Beine versehen, steigt dann auf einen schweren Stahlschemel in der Ecke des Bassins. Von einem zugereichten Tablett verfüttert er mit der bloßen Hand saftige Fleischstücke an die Echsen, so daß man im ganzen Haus ihr Grunzen und das Zuklappen der Kinnladen hört. Ein besonders stattliches Krokodil schnappt aus dem Mund des Lehrmeisters ein großes Stück Fleisch, wobei es sich mit den kurzen Vorderbeinen auf die Oberschenkel des sitzenden Mannes stützt. Als Höhepunkt hat sich ein Krokodil an einem Köder festgebissen, der an einem Haken befestigt ist, der nun von einigen Requisiteuren in die Höhe gezogen wird, so daß sich dem Publikum das Bild des wild mit dem Schwanz umherschlagenden Tieres bietet. Ein Schauspiel, das so recht geeignet ist, die insgeheime Angstlust der Zuseher zu befriedigen.

Das Programm des Jahres 1907 beschert dem Ronacherpublikum neben etlichen anderen Darbietungen eine echte Sensation, nämlich das Auftreten der berühmten Ruth Saint Denis. Die umjubelte Tänzerin, die im besonderen die Wiener Kunstszene faszinierte, hatte 1906 in New York erstmals ein aufsehenerregendes Programm von Hindutempeltänzen präsentiert, das sie auch in Europa und somit auch im Ronacher zeigte: 1. *The Incense (Weihrauch)*, 2. *The Cobras*, 3. *Radha.* Wenn der Orient als Quelle ihrer Inspiration auch großteils Phantasiegebilde war, setzte sie sich doch mit ihren Versuchen, sich in andere Welten einzufühlen, grundlegend von jenem vagen Exotismus ab, wie er etwa im Ballett früherer Jahrhunderte zu finden war.

„Die uralte Verbindung von Ekstase und Transzendenz gewinnt im Fin de siècle neue Aktualität. Im Tanz soll diese Verbindung wiederbelebt werden."[3]) Der Anstoß in Wien kommt von den Sezessionisten, bei denen Darstellungen von Tänzerinnen ein überaus beliebtes Motiv bilden. Im Tanz triumphiert die Anmut, der Rausch, eine Verklärung des Daseins. „Überhaupt scheint die neue Disziplin des freien, von den strengen Fesseln des Balletts gelösten Kunsttanzes ... die innerste Hoffnung und Bestrebung der Epoche zu realisieren ... hier war das Leben in Schönheit erreicht, die dekorative Geste in die Existenz übertragen."[4])

Hugo von Hofmannsthal hat über Ruth Saint Denis vor ihrem Wiener Gastspiel und als Vorbereitung auf dieses den Essay „Die unvergleich-

Plakat zum Beginn
der Herbstsaison 1906

Die Tänzerin Ruth Saint Denis
(1887–1968)

„The Five Sisters
Barrison"
im Auftrittskostüm

liche Tänzerin" geschrieben: „Es ist die berauschendste Verkettung von Gebärden, deren nicht eine an die Pose auch nur streift. Es sind unaufhörliche Emanationen absoluter sinnlicher Schönheit, deren nicht eine Konvention ist, ... sondern allenfalls die Konvention höchsten, strengsten, hieratischen, uralten Stiles ... Die ungeheure Unmittelbarkeit dessen, was sie tut, diese strenge, fast abweisende Unmittelbarkeit, dies Kommentarlose, ... schafft um sie herum den leeren Raum, den das Außerordentliche immer um sich hat."[5]) Die Zeitgenossen sind sich mit dem Dichter einig: Ruth Saint Denis erschließt eine neue Dimension der Tanzkunst.

Das „Illustrierte Wiener Extrablatt" berichtet ausführlich über das Auftreten der Tänzerin im Ronacher und vergißt auch nicht, die Mitglieder der Hautevolee anzuführen, die dieser Aufführung beiwohnten, darunter Fürst und Fürstin Taxis, der Herzog von Braganza, Baron Albert Rothschild, Gräfin Wydenbruck, Prinz Leroy, Burgtheaterdirektor Schlenther, Alma Mahler, Hugo von Hofmannsthal, Arthur Schnitzler und Carl Moll. „Für den Auftritt des Stars findet das Blatt dann nur begeisterte Worte: „In ihrem langsamen hochaufgestreckten Dahinschreiten ... ist ein unvergleichlicher Ausdruck bewußten körperlichen Adels. So geht sie in ihrem ersten ‚Tanz' zwischen großen Urnen hin und her, läßt Weihrauch aufdampfen, neigt sich stolz ... zeigt ein wenig von dem wunderbar kunstvollen Spiel ihrer langen, schmalen Hände ... Die Hände haben dann in dem zweiten, dem „Schlangentanz", ihr ganz eigenes Leben. Die Arme sind es nun, die eigentlich tanzen; sie stellen zwei Schlangen dar, die Hände sind die spitzen, unruhig bewegten Köpfe und blinkende grüne Steine müssen die Augen vorstellen. In immer fließenden, zitternden Wellen ringeln sich diese Schlangenarme um den Leib, ... streben empor und hängen nun wieder ruhig, aber wie von einem geheimnisvollen fremden Leben erfüllt, um den Hals der Tänzerin ... Inmitten all der ... Pracht von Tempelmauern, Opferflammen, Blumenketten ... blieb doch das einzig und wahrhafte Schöne der edle und heiße Schwung, in dem sich dieser Frauenleib warf und bog und wirbelnd drehte, in dem diese Arme die Schale hoben, ... zu den Lippen und von den Lippen brachten, dieser Kopf mit dem feingeschnittenen Mund ganz hintenüber fiel, wie eine Blume, die der Sturm gefaßt hat."[6])

Ruth Saint Denis kreiert den Mythos vom geheimnisvoll lockenden Orient.

Unten links:
„Es sind unaufhörliche Emanationen absoluter sinnlicher Schönheit..."
(Hugo von Hofmannsthal)

Unten rechts:
Ruth Saint Denis in ihren faszinierenden Hindutempeltänzen

Am 16. Juni 1907 starb Direktor Waldmann. Als sein Sarg am 19. Juni vom Ronacher in die evangelische Kirche in der Dorotheergasse getragen wurde, säumte eine vieltausendköpfige Menge den Weg. Arthur Brill, sein Subdirektor der letzten Jahre, übernahm die Leitung des Hauses, das inzwischen souverän einen der führenden Plätze unter den großen Varietés Europas behauptete.

Unter den Kritikern, die damals über Varietéprogramme laufend berichteten, befand sich auch Peter Altenberg. Er schrieb durch etliche Jahre hindurch für die „Wiener Allgemeine Zeitung" über die diversen Etablissements wie das Ronacher, das Apollo, Danzers Orpheum, das „Nachtlicht" u. a. m. Egon Friedell hat Peter Altenberg als den einzigen vollkommen konsequenten Impressionisten von Bedeutung innerhalb der deutschen Literatur bezeichnet.[7]) Seine Cabaret- und Varietérezensionen sind denn auch impressionistische, ja pointillistische Miniaturen – Momentphotographien vergleichbar – dabei stilistisch salopp, mit Ruf- und Fragezeichen versehen und voll von gesperrt gedruckten Worten. Altenberg schrieb von der „Tanz-Natürlichkeit", die die „entsetzliche Tanz-Kunst" besiegt, über die Emanzipation und die „krankhafte Angst vor dem schönen Nackten, dieser reizbaren Schwäche unserer Welt".[8]) Altenbergs Varietékritiken, die zweifellos Literaturkuriosa darstellen, sind letztlich aber auch Zeugnisse für die Entdeckung der schöpferischen Kraft des Genres, wie sie von vielen Literaten und Malern um die Jahrhundertwende empfunden wurde.

Die Varietégeschichte der Jahrhundertwende ist im besonderen auch eine der faszinierenden Frauengestalten, unter denen die Tänzerinnen die dominierende Rolle einnehmen. Manche von ihnen scheinen jenes Wunschbild der Frau zu verkörpern, nach dem sich die Männer unablässig sehnen. Sie sind die Imagines jener neu empfundenen Sinnlichkeit, wie sie unter den Anhängern der Décadence vorherrschend ist, deren Künstler danach streben, „gegen die Normen der bürgerlichen Gesellschaft ihre eigene Identität zum Ausdruck zu bringen."[9]) Die Namen dieser Tänzerinnen des Fin de siècle, die mit ihren schmiegsamen Bewegungen die moderne Tanzsprache initiierten, leuchteten durch etliche Jahre von den Affichen. Wo immer sie gastierten, ob in New York, St. Petersburg, Paris, London, Berlin, Wien oder anderen Metropolen, sie sorgten für ungeheures Aufsehen. Zu den berühmtesten zählten „La belle Otéro", Cléo de Mérode und die Saharet.

Frauen vermochten aber nicht nur zu faszinieren, sie waren auch angstauslösende Wesen. Im 19. Jahrhundert, vor allem in seiner zweiten Hälfte, war die Furcht des Mannes vor der Frau zu einem beherrschenden Thema der Literatur, der bildenden Kunst, aber auch des medizinischen Schrifttums geworden.[10]) Die sich in politischer und ökonomischer Beziehung verändernde Situation der Frau hatte das bisher so unerschütterliche Selbstverständnis des Mannes mehr und mehr in Frage zu stellen begonnen.

Die Angst vor dem „männermordenden Wesen", der Femme fatale, die man gleichzeitig begehrte und der man höchst verwirrende und widersprüchliche Merkmale zuschrieb, tritt uns um die Jahrhundertwende in zahlreichen Werken entgegen. 1903 erschien Otto Weiningers „Geschlecht und Charakter", das enormes Aufsehen erregende Buch dieses Genies der Dekadenz, dessen radikaler Antifeminismus von den Zeitgenossen geradezu verklärt wurde.

1898 hatte die Uraufführung des Stückes „Erdgeist" von Frank Wedekind stattgefunden, 1904 war mit „Die Büchse der Pandora" die Fortsetzung gefolgt. Den Boden für die Arbeit an der Tragödie der Lulu hatte Wedekinds Pariser Zeit (1892–1894) mit seinen ständigen Besuchen der verschiedenen Varietés und Zirkusse gebildet.[11])

1905 kam Heinrich Manns Roman „Professor Unrat" heraus, eine tragische Satire auf das ausklingende bürgerliche Zeitalter, in dem die Tingeltangel-Diseuse als Verkörperung des dämonischen Überweibes in seiner zerstörerischen Sexualität erscheint. 1905 war aber auch das Jahr der Uraufführung von Richard Strauss' „Salome", dieses grandiosen exzessiven Musikdramas von dämonisch pervertierter Leidenschaft. Das Wildesche Drama war 1902 im Kleinen Theater Max Reinhardts in Berlin gegeben worden, dem das Verdienst zukommt, das Werk wirklich bekanntgemacht zu haben. Die berühmt gewordene Aufführung hatte in dem Theaterbesucher Richard Strauss ja unmittelbar die Idee zur Oper bewirkt.

„Die todbringenden Frauen mit ihrer wilden Katzenhaftigkeit und ihrer unverstandenen Liebessehnsucht, vom betörenden Gift der Fleurs du mal umweht, sind Inkarnation des gegen die Geordnetheit der bürgerlichen Gesellschaft gerichteten Lustprinzips. Der Tod der

Todbringenden ist der Vergeltungsschlag der gefährdeten Männergesellschaft."[12])

Der Tragödie folgt das Satyrspiel: Im Oktober 1907 spielte man im Ronacher im Rahmen eines Varietéprogrammes „Salome – ein wilder Opernstrauß in einem Bild von Dorian Gray" Ort: Hebräa. Es war eine Opernparodie in der Tradition dieses Genres auf dem Boden der Wiener Volkskomödie, und das Register dramatis personae wies aus: Salome, Johanaan Agitator, Herodias, Herodes, den jungen Sievringer (Hauptmann der Leibgarde), den Pagen, die Semiten Pfefferkorn, Terassengeländer, Rosentau, Liliensaft und Zentiofolienfeld, Naamann, den Leibraseur des Herodes sowie Henker und den Sklaven Manasse.

Anmerkungen:
1) Gerhard Eberstaller, Circus. Einmalig und noch nie dagewesen, S. 27
2) Siehe Walter Fritz, Geschichte des österreichischen Films, S. 22
3) Patrick Werkner: Kokoschkas frühe Gebärdensprache und ihre Verwurzelung im Tanz. In: Parnaß. Heft 4 (Juli/August 1986), S. 30
4) Dolf Sternberger: Panorama des Jugendstils. In: Frankfurter Allgemeine Zeitung, 23. Oktober 1976
5) Hugo von Hofmannsthal: Die unvergleichliche Tänzerin. In: Prosa II, S. 256, zit. nach Heinz Kindermann, Theatergeschichte Europas. Bd. IX, S. 470 ff.
6) Illustriertes Wiener Extrablatt, 3. Jänner 1907
7) Siehe Egon Friedell, Kulturgeschichte der Neuzeit. Bd. 3, S. 512
8) Siehe Werner J. Schweiger: Peter Altenberg als Varietékritiker. In: Parnaß. 2. Jg., Heft 1 (Jänner/Februar 1982), S. 24 ff.
9) George L. Mosse, Nationalismus und Sexualität, S. 63
10) Siehe Peter Gay, Erziehung der Sinne. Sexualität im bürgerlichen Zeitalter, S. 187 ff.
11) Vgl. Frank Wedekind, Die Tagebücher.
12) Gerhard Eberstaller: Die todbringenden Frauen. In: Österreichische Theaterzeitung, Heft 6 (Sommer 1989), S. 11 ff.

Die Operette „Nachtfalter" von Oscar Straus wurde im März 1917 im Ronacher gespielt. Links die berühmte Operettendarstellerin Mizzi Günther

„Die schöne Helena von heute" gab man im Oktober 1911 unter der Direktion Gabor Steiners als Operettenaufführung mit Varietéeinlagen.

ratsdiener, einen Clown, einen Engländer und einen Herrn von der Wach- und Schließgesellschaft.

Witz und Satire der Revuen waren freilich harmlos, denn es sollte niemand brüskiert, das Selbstverständnis des Zuschauers nicht in Frage gestellt werden. Die Wiener Varietébühnen haben, soweit sie, wie etwa das Ronacher oder das Apollo, Revuen spielten, die Stilprinzipien und inhaltlichen Elemente der Berliner Metropolrevuen übernommen, haben aber dem Geschmack des Wiener Publikums Rechnung tragend, Anpassungen an dessen Mentalität vorgenommen. Das bedeutete ein Zurücktreten der ohnedies nur leichten, das bestehende Gesellschafts- und Herrschaftssystem nicht ernsthaft kritisierenden politischen Satire und statt dessen ein verstärktes Witzeln über Vorkommnisse in der Gesellschaft und über ihre Repräsentanten.

Die Spätgründerzeit manifestierte sich auch in zahlreichen Theaterneubauten. So wurde nach dem Apollo 1905 das „Wiener Bürgertheater" in der Vorderen Zollamtsstraße eröffnet, ein Haus, dessen Repertoire Schauspiel, Singspiel, Operette und Revue umfaßte. 1908 folgte das Johann-Strauß-Theater in der Favoritenstraße, bald eine renommierte Operettenbühne, die dann später auch Revuen spielte. Auch das 1914 eröffnete Wiener Stadttheater in der Laudongasse ist u. a. als Operetten- und Revuebühne in die Wiener Theatergeschichte eingegangen.

Operette und Revue haben schon um die Jahrhundertwende miteinander geflirtet und den Flirt in der Folge fortgesetzt und intensiviert. Als berühmtes Beispiel dafür darf Max Reinhardt zitiert werden. In Reinhardts Inszenierung von „Die schöne Helena" im Münchner Künstlertheater im Jahre 1909 traten als griechische Tänzerinnen 8 englische Tanzgirls auf, die über einen Blumensteg die Bühne betraten. Auch in der Reinhardtschen Inszenierung von „Orpheus in der Unterwelt" 1913 am Münchner Künstlertheater fungierten „die Tanzgirls als dynamischer Richtfaktor".[1]) Der Blumensteg, den Reinhardt in diesen Inszenierungen verwendete und der dem japanischen Theater entstammte, wurde von ihm auch in seiner Inszenierung von Freksas in die Welt von Tausendundeiner Nacht führender Pantomime „Sumurun" in den Kammerspielen in Berlin eingesetzt. Es sei in diesem Zusammenhang darauf verwiesen, daß im Ronacher-Programm vom Februar 1909 „The 8 Original-Geishas" auftraten (und das angeblich zum ersten Male außerhalb Japans), singend, tanzend und spielend, „damit man auch in Wien einen interessanten Vergleich anstellen kann, zwischen dem, was man bei uns, und dem, was man in Izumo, dem Land der aufgehenden Sonne, unter weiblicher Anmut und Grazie versteht."[2])

Von den zahlreichen Artisten, die unter der Direktion Steiner am Ronacher wirkten, sei mit „Les Grisantos" eine Attraktion hervorgehoben, die ihrem Genre nach heute so gut wie vergessen ist, nämlich jenes der Sand- und Rauchmaler. Die Sandmalerei bestand darin, daß mit färbigem Sand auf samtenem Untergrund Bilder gemalt wurden, vorzugsweise Blumenstücke oder Landschaften. Bei der Rauchmalerei wurde eine sich auf der Staffelei befindliche weiß emaillierte Fläche mit einer Fackel angerußt, worauf die Artisten dann mit ihren bloßen Händen Bilder gestalteten, vorzugsweise Blumenstücke und Landschaften. Was natürlich alles sehr rasch vor sich ging.

Eine andere Darbietung dieser Zeit muß schon aus Gründen der Kuriosität erwähnt werden. Am 10. März 1910 war Bürgermeister Lueger gestorben. Kurz darauf präsentierte die „Erste Österreichische Kinofilm-Industrie“ als „höchstaktuelle, einzig autorisierte Kinematographische Aufnahme“ das „Leichenbegängnis des Bürgermeisters

Links: Oscar Straus (1870–1954) war Direktor des Ronachers von September 1916 bis Juni 1917.
Rechts: Der berühmte Filmkomiker Max Linder trat im November 1912 im Ronacher auf.

Dr. Karl Lueger" an 22 Vorführungsstätten, und zwar neben diversen Kinos u. a. auch im Ronacher, im Apollo und im Wiener Stadtpanoptikum am Kohlmarkt.

Im November 1912 kommt es dann zu einem Gastspiel von Max Linder. Der berühmte Filmstar (1883–1925) verkörperte „den Typ des aristokratischen" Komikers, der stets untadelige Kleidung trägt, elegante Appartements bewohnt und dessen ausschließlicher Zeitvertreib der Flirt mit vornehmen Schönheiten ist."[3]) Im Ronacher sieht man zuerst Max im Film, er flieht, er klettert, er rutscht ein Seil hinunter und steht auf einmal realiter auf der Bühne. „Pedicure par Amore" heißt der rasante Sketch, in dem 3 weitere Darsteller mitwirken und in dem der Komiker die Rolle von Max dem Liebhaber spielt. Inhaltlich und formal entspricht der Sketch dem Streifen der berühmten Max-Serie, etlichen zwischen 1911 und 1915 gedrehten Kurzfilmen.

Mittlerweile hatte Gabor Steiner im September 1912 die Leitung des Hauses an seinen Sohn Max abgegeben, der im Jänner 1913 von L. Mittler abgelöst wurde, dem wiederum im August 1914 Moritz Lindner folgte – die Linie des Hauses wurde unter diesen Direktoren nicht wesentlich verändert. Max Steiner (1888–1971) ging 1914 Nach New York und später nach Hollywood, wo er zu einem der führenden Filmkomponisten aufstieg („Vom Winde verweht", „Casablanca").

Im Jänner 1913 finden wir im Ronacher Ninon de Beauval, die „dionysische Bilder" nach Entwürfen des Bildhauers Arthur Strasser präsentiert. Sie haben Pallas Athene, Danae, Leda mit dem Schwan, Diana, Ariadne und die Wahrheit zum Inhalt, Posen, in denen sich die mädchenhaft wirkende schöne Frau auch nackt zeigt. Im selben Programm tritt auch La Tortajada, die zu den großen Tänzerinnen des Fin de siècle gezählt wird, in ihrer Szene „Abenteuer einer Torero" auf.

Im März 1913 gastierte Asta Nielsen, die damals bereits eine weltbekannte Filmschauspielerin war und in zahlreichen Filmen gespielt hatte, im Ronacher. Sie und die ihr völlig entgegengesetzte Henny Porten waren in jener Zeit die weiblichen Filmidole des deutschsprachigen Kinopublikums „Während die Porten die traditionelle Vorstellung des deutschen Gretchens propagierte, verkörperte die Nielsen das dunkle Gegenbild, den Reiz des Verbotenen, die Gefahr, die von dem Fremden droht, den Glanz des Mondänen, aber auch die Lockungen der Gesetzlosigkeit, Wonnen und Fluch der Leidenschaft."[4])

Die Revueoperette „Die Kino-Königin"
war im Ronacher ein Serienerfolg.

In ihren Memoiren schildert Asta Nielsen, wie sie eines Tages von einem Herrn Waldapfel, der sich laut Visitenkarte als Inhaber von „Deutschlands größter und bestrenommierter Artistenagentur" auswies, aufgesucht und beschworen wurde, auf Varietébühnen, darunter auch im Ronacher, aufzutreten, ein Gedanke, der sie vordem nicht einmal gestreift hatte. Ihre Einwände, kein geeignetes Repertoire dafür zu haben, wurden von dem Agenten mit dem Ausspruch gekontert: „Repertoire? Gnädigste sind so groß, daß ein Repertoire ganz überflüssig ist. Sie brauchen sich nur zu zeigen, und man wird Ihnen dafür ein Vermögen bezahlen." [5])

Das Gastspiel im Ronacher wird in den Memoiren Asta Nielsens sehr ausführlich beschrieben. Es war ein großer Publikumserfolg, und die Presse überbot sich in Superlativen. Asta Nielsen spielte in der Pantomime „Prinz Harlekins Tod" von Urban Gad, der auch inszenierte. Gad hatte ihr seinerzeit zu ihrem Filmdebüt verholfen und sie geheiratet und war Regisseur und Drehbuchautor zahlreicher ihrer Filme.

Die Pantomime mit den Personen Prinz Harlekin, Schneider Pierrot, Kolombine, dessen Frau, dem Apotheker und dem Offizier, die sich „in Prinz Harlekins Land, welches östlich von der Sonne und westlich vom Mond liegt", [6]) zuträgt, ist eines jener dämonisch-melancholischen Dramoletts, wie sie um diese Zeit in Mode sind. So stirbt denn auch Harlekin „wie ein Nachtfalter, der sich zu Tode versengt hat." [7])

Asta Nielsen selbst schreibt darüber: „Der Komponist Dibbern hatte eine seltsame traumhafte Musik geschaffen, die wundervoll mit der Handlung harmonierte, und Baruch hatte märchenzarte Dekorationen und prachtvolle Kostüme gezaubert, alles in Weiß, Grau und Schwarz. Ohne Absicht erhielt die Pantomime dadurch das Aussehen eines Filmbildes von Fleisch und Blut." [8]) Im selben Programm trat auch Gussy Holl auf, die elegante aber auch schnodderige, vor allem durch das Berliner Cabaret bekannt gewordene Diseuse.

Im nächsten Monat gastierte im Ronacher u. a. Kapitän Alfred Schneider mit 20 dressierten Löwen, der seine Darbietungen in singendem Sächsisch zu moderieren pflegte. Als Prinzipal gründete er den „Circus der 100 Löwen", und seine Tiere, die in mehreren Filmen mitwirkten, sind als die Quo-vadis-Löwen bekannt geworden.

Im Februar 1914 treten Bert Bernard & Co. mit der Burleske „Ein Abend in einem amerikanischen Tingel-Tangel" auf. In zahlreichen Zeitungsartikeln konnte man lesen, daß Charlie Chaplin, als er noch jung und unbekannt war, im Ronacher gespielt haben soll, ja manche Autoren stellen dies sogar als Faktum hin. Und zwar soll Chaplin in eben diesem Sketch agiert haben. 1914 spielte Chaplin aber bereits in 35 Kurzfilmen der Keystone-Company und hatte seine Varietélaufbahn beendet. Tatsache ist allerdings, daß Chaplin als Mitglied von Karnos Truppe in „Mumming birds or a night in an English Music Hall", wie die Burleske im Original hieß, die durch Jahrzehnte in wechselnden Besetzungen gegeben wurde, aufgetreten ist. Das Geschehen geht davon aus, daß höchst unterschiedliche Zuschauer in vier Logen Platz nehmen, um einem betont schlechten Varietéprogramm beizuwohnen, und es bezieht seine Komik vor allem aus den verschiedenen Turbulenzen, die sich zwischen den Zuschauern untereinander bzw. zusammen mit den Auftretenden entwickeln. Chaplin spielte in dem Sketch die Rolle des betrunkenen Lord Booze, der zunächst vergeblich versucht, sich eine Zigarette an der elektrischen Glühbirne über der Loge anzuzünden. Beim Wiener Gastspiel wurde nun die Rolle des betrunkenen Besuchers, der hier Jonathan Besoff hieß, von Billy de Voy gespielt, der von der Aufmachung und vom Typ her offensichtlich an Chaplin erinnerte.

Am 28. Juni 1914 wurden in Sarajevo der Thronfolger Erzherzog Franz Ferdinand und seine Gemahlin von dem bosnischen Serben Princip ermordet. Einen Monat später, am 28. April 1914, gab die Regierung in Wien das verhängnisvolle Telegramm mit der Kriegserklärung an Serbien auf. Die Vermittlungsversuche, den Weltkrieg noch aufzuhalten, waren gescheitert.

Der Kriegsausbruch rief bekanntlich eine gewaltige Propagandaflut ins Leben, an der sich auch zahlreiche Künstler beteiligten. Auch das Cabaret agierte in Sachen politischer Entrüstung und Hurrapatriotismus. So rezitierte etwa Armin Berg: „Statt nach Venedig hier in Wien zu gehen, ... werd'd die Wiener bald in Venedig stehen."[9])

Auch später, als der kurze Freudentaumel über den Krieg längst erloschen war, wurden dessen tragische Ereignisse zum Gegenstand der Unterhaltung gemacht, fallweise auch zum Ausgangspunkt für effektvolle, oft auch kitschige Darbietungen.

Im November 1914 spielte man im Ronacher in einem etliche andere Attraktionen umfassenden Programm wie beispielsweise dem „Ronacher-Bioscop mit den neuesten Aufnahmen vom Kriegsschauplatz" die Revueoperette „Die Kino-Königin" mit der Musik von Jean Gilbert, der recte Max Winterfeld hieß. Kino und Operette haben sich ja schon früh beeinflußt. Und so wie etliche Operetten bereits vor der Erfindung des Tonfilms auf die Leinwand gebannt wurden, griff auch die Operette auf das faszinierende neue Medium zurück.

Die Attraktionen wechselten, die „Kino-Königin" erwies sich als lang anhaltender Serienerfolg. Der überaus erfolgreiche Gilbert, von dem Operetten u. a. auch in Berlin, Paris, London und New York gespielt wurden, hatte ein besonderes Talent zum Schlager entwickelt. Und dank seiner eingängigen Schlager ist Jean Gilbert auch heute noch nicht ganz vergessen: „In der Nacht, wenn die Liebe erwacht" stammt aus der „Kino-Königin", „Puppchen, du bist mein Augenstern" aus „Puppchen", „Ja, das haben die Mädchen so gerne" aus „Autoliebchen" und „Mädchen sind wie die Engelein" aus „Die Reise um die Erde in 40 Tagen".

Im November 1915 debütierte Hermann Leopoldi als Gesangshumorist am Flügel im Ronacher und sollte im Laufe der nächsten Jahrzehnte noch oft wiederkommen. In diesem Programm, in dem durch das Ronacher-Bioscop wiederum die allerneueste Frontberichterstattung der Woche erfolgte, spielte man anschließend den Soldatenmarsch nach Motiven aus „Der tapfere Soldat" von Oscar Straus. Wir wissen nicht, ob den Programmachern hier die Ironie aufgefallen ist oder ob sie ganz bewußt gehandelt haben, denn der Operette „Der tapfere Soldat" liegen bekanntlich Shaws „Helden" zugrunde, die zum Operettenlibretto umgestaltet wurden. Deren Protagonist, der charmante Schweizer Waffenlieferant Bumerli, denkt ja sehr skeptisch über Patriotismus und soldatische Tapferkeit.

Im Dezember 1915 führte das Ronacher die einaktige Burleske „Die Varieté-Diva" von Robert Stolz unter Leitung des Komponisten auf. Das Programm brachte auch ein Gastspiel von Josef Milos mit „Lebende zeitgemäße Episoden aus dem Weltkrieg. Dargestellt von 20 Personen – Kriegs- und Schlachtenszenen von West und Ost, vom Isonzo und Balkan".

Diese Darstellungen waren propagandistisch ausgerichtet, so daß nachmittags häufig auch Schülervorstellungen eingeschoben wurden. Vom Inhaltlichen her waren derartige Showpiecen freilich nichts grundsätzlich Neues. Denn die Zirkuspantomimen – Manegenschauspiele, die mit großem Aufwand in Szene gesetzt wurden – hatten historische oder auch aktuelle Kriegsereignisse ja schon seit langem immer wieder zum Sujet erwählt.

Im Februarprogramm des Jahres 1916 kam es dann zur Aufführung von „Die Wacht an der Adria", einer Glorifizierung des österreichischen

U-Boot-Krieges, die vom Haus als „der hervorragendste bühnentechnische Akt der Gegenwart" angepriesen wurde. Im selben Programm gab es auch ein Gastspiel der Hofopernsängerin Carlotta Röder sowie von Rudolf Schildkraut vom Deutschen Theater in Berlin in der einaktigen Komödie „Die schwarze Hand" von Rudolf Eger.

Vom September 1915 bis Mai 1916 wurde das Ronacher von den Brüdern Emil und Arthur Schwarz geführt, die auch später noch einmal die Leitung des Hauses innehatten. Unter ihrer Ägide wurde 1913 ja auch das berühmte Cabaret „Fledermaus" in der Johannesgasse in das Revuetheater „Femina" umgewandelt. An ihre Direktion im Ronacher schloß sich jene von Oscar Straus an, die bis Juni 1917 währte.

In der Ära Straus kommt es zur Wiederaufführung seines Werkes „Die lustigen Nibelungen". Die Uraufführung hatte im November 1904 in Wien am Carltheater stattgefunden und war als Versuch einer Neuerung der Operette, als moderne Offenbachiade, gefeiert worden. Textautor war der Berliner Rechtsanwalt Fritz Oliven, der unter dem Pseudonym *Rideamus* bekannt geworden ist.

Straus und Oliven galten beide als begeisterte Offenbachianer. Und so wie sich Jacques Offenbach über das Paris Napoleons III. lustig machte und die Antike zum Vorbild für seine Persiflagen nahm, widerfuhr dies hier dem Berlin Wilhelms II., wobei sich das germanische Heldenepos für diesen Zweck bestens eignete.

Im Mittelpunkt des witzigen Singspiels steht die korrupte Gesellschaft des Hofes zu Burgund, die es auf den Rheingoldschatz des Drachentöters Siegfried abgesehen hat. Den

„Liebe im Schnee" gelangte in der Ära Oscar Straus zur Uraufführung.

jungen Millionär läßt man mit Freude in die Familie einheiraten, zumal er auch mit seiner Tarnkappe für den Neurastheniker Gunther Brunhilde errungen hat. Da sich aber das nächtliche Gerangel zwischen Siegfried und Brunhilde nicht verbergen läßt, muß die Ehre durch Siegfrieds Tod gerächt werden. Als sich aber herausstellt, daß sich die Nibelungenaktien in einer schweren Baisse befinden und sich ein Mord nicht auszahlen würde, arrangiert sich alles friedlich.

Gegen die Wiederaufführung der „Lustigen Nibelungen" im Ronacher bestanden von vornherein starke Bedenken. Eine Persiflage auf das Heldentum schien in dieser Zeit, in der das Sterben an den Fronten zu grausamem Alltag geworden war, höchst unangebracht. Oliven hielt das Stück deshalb für nicht mehr zeitgemäß und legte auf die Feststellung Wert, daß die Aufführung im Ronacher gegen seinen Willen erfolge. In der Tat war der Wiederaufführung, die Straus selbst dirigierte, trotz guter Presse kein Erfolg beschieden. Das Publikum blieb aus.

Oscar Straus mußte sich bald nach einem neuen Singspiel umsehen, und er fand es in „Liebe im Schnee" von Ralph Benatzky, der damit seine erste große Bühnenchance bekam. Benatzky war zur damaligen Zeit bereits ein sehr bekannter Chansonkomponist. Sein Lied „Ich muß wieder einmal in Grinzing sein" war durch die Interpretin Josma Selim zum Schlager geworden. Doch eine Operette von ihm wollte niemand aufführen.

Als Straus am 21. Oktober 1916 im Hotel „Meißl & Schadn" am Neuen Markt sein Mittagessen einnahm, wurde er akkurat Zeuge, wie Friedrich Adler aus Protest gegen die kriegerischen Aktivitäten der österreichischen Regierung, die die parlamentarische Vertretung, den Reichsrat, ausgeschaltet hatte, aber auch aus Protest gegen die Unterstützung dieser Politik durch die sozialdemokratische Partei den Ministerpräsidenten Graf Stürgkh erschoß.

Am 21. November 1916 starb Kaiser Franz Joseph. Es war eine resignative Endzeitstimmung, die sich nach dem Begräbnis des Kaisers mit seiner düsteren Pompentfaltung breitmachte. Doch dann gab die Erscheinung des jungen Kaisers Karl, der durch einen baldigen Friedensschluß und eine föderalistische Neuordnung im Inneren den Bestand der Monarchie zu retten versuchte, doch auch wieder Anlaß zu Hoffnung.

„Liebe im Schnee" hatte im Dezember 1916 im Ronacher Premiere und gestaltete sich gleich zu einem Serienerfolg. Das Singspiel handelt von einer Prinzessin Gertrud, die aus der langweiligen und zwanghaften Hofatmosphäre ausbrechen will und sich in Hendryk van Rhyn, den Tenor des Hoftheaters, verliebt, schließlich jedoch – „wie es die Etikette verlangt" – Kilian Dietrich, den Herzog von Parthey, heiratet. Also eine Abwandlung des alten Themas von Neigung und Verzicht, die hier mit Charme und einer schmissigen Musik erzählt wird.

Trotz wachsender wirtschaftlicher Erschwernisse konnten die Wiener Vergnügungsstätten weiterhin nicht über Mangel an Publikum klagen. Zwar war man kriegsbedingt von der internationalen Szene weitgehend ausgeschlossen, wattierte dies aber, indem man entsprechend intensiv auf einheimische Kräfte zurückgriff. Oscar Straus fand freilich nicht lange daran Freude, dem Ronacher als Direktor vorzustehen, und so wurde das Haus ab Herbst 1917 von Egon Dorn geführt. Dorn, ein aus Lübeck stammender Schauspieler, der sich selbst gerne als „Dorn im Auge" bezeichnete, war auch der Gründer des „Simpl", der im Oktober 1912 als „Bierkabarett Simplicissimus" eröffnet worden war.

La Titcomb, die Sängerin zu Pferd, 1908 im Ronacher

Im September 1917 brachte das Ronacher ein Gastspiel von Heinrich Eisenbach, dem großartigen Komiker des Budapester Orpheums und prononcierten Vertreter jüdischen Jargontheaters, der im übrigen mehrmals hier aufgetreten ist. Eisenbach spielte die Titelrolle in der einaktigen Groteske „Konsul III.". Dazu muß man wissen, daß „Consul" ein renommierter dressierter Affe war, über dessen „Berufs- und Privatleben" die Zeitungen ausführlich berichteten.

Das Dezemberprogramm des Jahres 1917 stellte als Star Grete Wiesenthal zusammen mit Liane Haid, der späteren bekannten Filmschauspielerin, in den Mittelpunkt. Die berühmte Tänzerin war ja sowohl in Wien als auch im Ausland immer wieder in Varietés und Cabarets aufgetreten. Zur genannten Zeit hatten sich ihre Auftritte jedoch zusehends in den Konzertsaal verlagert, stand doch der „Freie Tanz" zwischenzeitlich bereits in Blüte.

Im Oktober 1918 traten im Ronacher der Komiker Richard Waldemar und das Tanzpaar Ernst Matray und Katta Sterna auf. Im Rahmen des Programms wurde die Operette „Der Millionendieb" mit der Musik von Friedrich Mayer und dem Text von Viktor Léon aufgeführt.[10]) Léon führte auch selbst Regie. Im „Millionendieb" waren die Hauptrollen mit zwei Stars der Wiener Operette besetzt, mit der sehr hübschen und temperamentvollen Mizzi Günther und mit Louis Treumann, der zum Prototyp des siegreichen Lebemannes geworden war.

Am 30. Oktober 1918 nimmt die provisorische Nationalversammlung die provisorische Verfassung an. Es kommt zur Bildung einer provisorischen Regierung unter Staatskanzler Karl Renner und am 3. November zum Abschluß des Waffenstillstandes mit den alliierten und assoziierten Mächten. Am 11. November verzichtet Kaiser Karl auf jeden Anteil an den Staatsgeschäften, am 12. November wird die Republik Deutschösterreich ausgerufen.

„Das führende Spezialitätentheater der Residenz", wie Egon Dorn das Ronacher anachronistisch auch nach dem Untergang der Monarchie bezeichnete, trat in einen neuen Abschnitt der Geschichte ein.

Anmerkungen:

1) Heinz Kindermann, Theatergeschichte Europas. Bd. VII, S. 627
2) Programmheft Ronacher, Februar 1909
3) Gregor/Patalas, Geschichte des Films, S. 20 ff.
4) Enno Patalas, Stars – Geschichte der Filmidole, S. 32
5) Asta Nielsen, Die schweigende Muse, S. 194
6) Programmheft Ronacher, März 1913
7) Ebda.
8) Asta Nielsen, Die schweigende Muse, S. 200
9) Zitiert nach Hans Veigl, Lachen im Keller, S. 50
10) Viktor Léon war u. a. Mitlibrettist folgender Operetten: Richard Heuberger „Der Opernball" mit Heinrich von Waldberg, Adolf Müller d. J., „Wiener Blut" (nach Johann Strauß) mit Leo Stein und Franz Lehár „Die lustige Witwe", gemeinsam mit Leo Stein.

VIII. Nachkriegsjahre

Elsie Altmann (1899–1984), Gattin von Adolf Loos, tanzte 1922 im Ronacher.

Der neue Staat litt von Anfang an unter beträchtlichen wirtschaftlichen Schwierigkeiten. Der Zerfall der Monarchie bedeutete das Ende eines großen, historisch gewachsenen Wirtschaftsraumes, die neuen Grenzen zerrissen den Zusammenhang zwischen den einzelnen Phasen zahlreicher Produktionsprozesse. Was vordem ein einheitliches Absatzgebiet gewesen war, wurde nun durch eine Vielzahl von Märkten ersetzt, was in hohem Maße eine Verlagerung vom Binnen- zum Außenhandel mit sich brachte. Inflation, Arbeitslosigkeit, ein desorganisiertes Verkehrswesen, eine katastrophale Energieversorgung, Hunger und Wohnungsnot kennzeichneten die Nachkriegszeit.

Am ärgsten waren die Verhältnisse in Wien. Die Brennstoffrationen für den privaten Verbrauch waren ungenügend, der Mangel an notwendigen Lebensmittel führte zur Unterernährung vieler Kinder und Jugendlicher. Scharen von Wienern zogen täglich in den Wienerwald, um sich durch unerlaubte Schlägereien mit Heizmaterialien notdürftigst einzudecken, der Lebensmittelschleichhandel nahm gewaltige Ausmaße an.

Die Unterhaltungs- und Vergnügungsindustrie florierte jedoch glänzend in dieser Zeit der politischen und wirtschaftlichen Wirren, ein bekanntlich wiederholt feststellbares Phänomen. Die Menschen suchten dem Grau der Nachkriegszeit zu entfliehen und stürzten sich voll Vehemenz ins Amüsement. Das Ronacher, das sich nun im Eigentum einer Ronacher-Realitätengesellschaft befand, mußte sich in seinen Engagements freilich zunächst auf das einheimische Künstlerreservoir beschränken, was aber dem Publikumszulauf keinen Abbruch tat.

Im Laufe des Jahres 1920 setzte dann ein merklicher Aufschwung der Wirtschaftstätigkeit ein. Die letzte Phase der gigantischen Nachkriegsinflation begann im Juni 1922, als die Regierung Seipel ihr Amt antrat. Die Unterzeichnung der Genfer Protokolle am 4. Oktober 1922, denen zufolge an Österreich eine langfristige Völkerbundanleihe vergeben wurde, setzte sodann einen maßgeblichen Wendepunkt in der wirtschaftlichen Entwicklung des Landes, bildeten die Genfer Verträge doch die Grundlage für die Sanierung des Staatshaushaltes und der Währung. Eine Sanierung der Volkswirtschaft wurde durch das Werk Seipels freilich nicht erreicht, denn es blieb das große Problem der Arbeitslosigkeit.

Anno 1920 wurden im Ronacher – wie auch schon früher – Ringkampfkonkurrenzen um das Internationale Championat unter oft sehr lebhafter Beteiligung des Publikums ausgetragen. Wien galt ja seit längerer Zeit als Stadt der starken Männer, und in den diversen Circusgebäuden beispielsweise wurden wiederholt Ringkampfturniere abgehalten. Franz Doberl, Weltmeister im Ringen und später dann als internationaler Kampfrichter lange tätig, schildert, was sich beim großen Entscheidungskampf zwischen den Ringkampfgrößen Ubaldo Bianchi und Hans Trestler im Ronacher zutrug: „Nach einem überaus hitzigen und dramatischen Gefecht war Bianchi ein Schultersieg gegen den populären Wiener gelungen. Aber das Publikum war der Meinung, daß Bianchis Sieg nicht einwandfrei war, und begann in überaus wilder Weise zu demonstrieren und zu toben. Als die Sturmszenen immer heftiger wurden und man Angriffe auf die Ringer und das Schiedsgericht befürchten mußte, ließ man den eisernen Vorhang fallen. Das aber war erst das Signal zu dem wüstesten Skandal, ... Im Ronacher gab es damals noch keine festen Sitze, sondern die Zuschauer saßen an Tischen. Gläser, Bierkrügel, Sessel und sogar Tische wurden gegen die Bühne geschleudert, ... Schließlich wurden sogar die goldenen Engel, die die Balkonbalustrade des Ronachers schmückten, heruntergerissen und gegen die Bühne geworfen."[1])

Im Jahre 1922 gab es im Ronacher bereits wieder internationale Varietéprogramme, ohne natürlich auf Wiener Publikumslieblinge zu verzichten. Die Konkurrenz auf dem Vergnügungssektor, der von einer hektischen Hausse getragen war, war freilich groß, das Nachtleben geradezu orgiastisch. Die „Hölle", der „Simplizissimus", „Max und

Moritz", die „Femina", das „Margarethner Orpheum", das „Monte Carlo" u. a. m. suchten das von einer geradezu fiebrigen Unterhaltungssucht geschüttelte Publikum zu befriedigen. Das Ronacher, das im Herbst 1922 mit Oskar Rosner einen neuen Direktor bekommen hatte, und das Apollo, das nach wie vor unter der Leitung Ben Tiebers stand, waren wiederum die zwei großen Konkurrenten, die einander fortwährend zu übertrumpfen suchten.

Werfen wir einen Blick auf einige wenige der im Jahre 1922 gebotenen Programmpunkte: Da gab es etwa ein Auftreten der Tänzerin Elsie Altmann – sie war mit Adolf Loos verheiratet –, die u. a. einen Ländler von Franz Schubert und die Zepperl-Polka von Johann Strauß Vater tanzte, ein Gastspiel des Pradler Bauerntheaters mit dem komischen Ritterdrama „Der Fenstersturz der Jungfrau" und ein Bläsersextett der Wiener Staatsoper, das u. a. einige Piecen aus der seinerzeit vielgespielten Oper „Der Trompeter von Säckingen" von Viktor Nessler zum besten gab. Max Hansen trat auf, der von Hubert Marischka dem Theater an der Wien gewonnene exzellente Buffo, und der als Tenor ausgebildete Vortragskünstler Jaques Rotter. Die Artistin Thea Alba schrieb mit Kreide in den Händen und an den Füßen gleichzeitig völlig verschiedene Sätze in Englisch, Französisch, Italienisch und Deutsch auf eine Tafel und vollführte ein ähnliches Kunststück mit 10 verschiedenen Zahlen, wobei sie sich der Hilfe von 10 Kreidestückchen bediente, die mittels langer Zeigestöcke an ihren Fingern befestigt waren.

Blick von der Bühne schräg nach links in den Zuschauerraum. Im Parkett stehen Tische und Sesseln.

Armin Berg, der Kabarettist mit dem viel zu kleinen Hut, sang hier seine Couplets und war im übrigen noch wiederholt Gast im Ronacher. Er ist ja dann vor allem auch als der Mann mit dem Lied „Der Überzieher" weithin bekannt geworden, dessen Musik und Text von dem großen Berliner Komiker Otto Reutter stammen. Es ist dies ein geradezu genialisches Couplet, in dem sich ein Herr Pichler[2]) einen Überzieher kauft und ihn beim Essen im Restaurant nicht aus den Augen zu lassen versucht, was zu Ängsten und Magenschmerzen, zu zwangsneurotischen Handlungen und unlösbaren Situationen führt, und schließlich zu einem schlechten Ende:

„Hab den Schreck' – und den Dreck,
Und den Überzieher weg!"

Im Dezember 1922 hätte es zu einem Gastspiel von Anita Berber und Sebastian Droste im Ronacher kommen sollen. Die Tänzerin und Filmschauspielerin Anita Berber (1899–1929), zur Boheme gehörende Figur und Star ihrer Zeit – sie wurde von Otto Dix gemalt –, vereinigte in ihrem Auftreten Züge der femme fatale und des Vamps, weiche Mädchenhaftigkeit und emanzipierte Mondänität. Ihre ekstatischen Tänze waren Ausdruck einer Epoche, die vom Widerstreit zwischen alten Ordnungen, von denen man sich nicht ganz oder nur scheinbar zu lösen vermochte, und den neuen Freiheiten mit ihren Extravaganzen, ihrem Rauschgefühl, ihren Sensationen geprägt war.

Anita Berber und Sebastian Droste unternehmen im November 1922 eine Gastspielreise nach Wien, wo sie im großen Konzerthaussaal einen Abend geben, der „Tänzen des Grauens, des Lasters und der Ekstase" gewidmet ist. Der Abend ist restlos ausverkauft und gerät zur großen Sensation.

Der Auftritt der Künstlerin, die so sehr zur Kultfigur ihrer Zeit geworden ist, erregt aber nicht nur großes künstlerisches Interesse. Er wird auch zum Skandal, da Anita beispielsweise in „Astarta" (zu Musik von Tschaikowsky) bis auf einen smaragdenen Kopfschmuck völlig nackt tanzt. Doch noch aus einem dritten Grunde wird das Gastspiel der beiden zum Tagesgespräch: Am Tage nach der Vorstellung erfolgt die Verhaftung Drostes, der mit einer gefälschten Unterschrift die Gewährung eines hohen Darlehens von einem stadtbekannten Juwelier erreichen wollte. Droste, kurz inhaftiert, wird aus Österreich ausgewiesen, man läßt ihm jedoch noch bis Ende November Zeit, zwecks Regelung seiner finanziellen Angelegenheiten. Der November geht vorbei,

Anita Berber in den „Tänzen des Grauens, des Lasters und der Ekstase" 1922 im Wiener Konzerthaus und im Tanzkostüm „Heliogabal"

das Paar reist aber nicht ab, tritt vielmehr an drei weiteren Tanzabenden im Konzerthaus auf. Zwischenzeitlich wird bekannt, daß sich Sebastian Droste an den Leiter des Ronachers gewandt und um ein Engagement für das kommende Dezemberprogramm ersucht hat. Direktor Rosner sagt zu und setzt bei der Polizei eine Aufenthaltsgenehmigung durch. Doch kurz darauf stellt sich heraus, daß Anita und Sebastian auch Verträge mit dem Apollo und dem Tabarin abgeschlossen haben. Es kommt zu einer Schiedsgerichtsverhandlung, bei der die internationale Artistenorganisation die Erfüllung des Vertrages mit dem Ronacher anordnet und demnach das Auftreten in den anderen Häusern verbietet. Das Urteil wird akzeptiert, Anita und Sebastian halten sich aber nicht daran und treten in den Kammerspielen auf. Was nun folgt ist ein ewiges Hin und Her, mit Antrag auf Landesverweisung, einer dreitägigen Arreststrafe wegen Vertragsbruches u. a. m., was sich alles als Reklame bestens bezahlt macht, denn das Publikum stürmt die Kassen der Kammerspiele. Schließlich kommt es im Jänner 1923 durch die Verhaftung und Abschiebung Drostes wegen angeblichen Betruges und Wechselfälschung endgültig zur Beendigung des Wiener Aufenthaltes des Tänzers. Anita Berbers letzter Auftritt erfolgte wenige Tage später im Tabarin, wo sie versucht hatte, als Pfand hinterlegte Kleider und Pretiosen aus dem Etablissement hinauszubringen, und es schließlich zu einer wüsten Rauferei gekommen war.

Der Athlet Siegmund Breitbart. Seine Auftritte lockten das Publikum in Massen ins Ronacher.

Im hartnäckigen Wettstreit zwischen Apollo und Ronacher schien das Ronacher trotz seiner vielgestaltigen Programme auf der Verliererstrecke zu bleiben. Ben Tieber verstand es, durch die Aufnahme pikanter Nacktattraktionen in sein Programm verstärkt Publikum in sein Haus zu locken. Nuditität entwickelten sich allmählich zu einer Mode und auch zu einem guten Geschäft.

Da gelingt Direktor Rosner mit dem Engagement des weltbekannten Athleten Siegmund Breitbart, der den Beinamen „Der Eisenkönig" trägt, der große Coup. Denn Breitbart löst einen gewaltigen Taumel des Publikums aus, und sein Gastspiel muß mehrmals verlängert werden. In der Tat ist das, was Breitbart zeigt, in höchstem Maße außerordentlich. So biegt der Athlet 7,5 mm starke Eisenstangen zu kunstvollen Ornamenten, treibt mit der bloßen Faust lange Nägel in dicke Bretter, zerreißt 4 mm dicke Eisenketten oder läßt sich auf seine Brust einen Steinblock legen, auf den Männer mit Hämmern wild drauflosschlagen. Eine besondere Sensation aber ist es jedesmal, wenn sich Breitbart aus dem Auditorium fingerdicke Eisenketten reichen läßt und sie knirschend zerbeißt, „als ob es Salzstangeln wären", wie ein Journalist beeindruckt schreibt.[3]) Im selben Programm wie Breitbart tritt auch der berühmte Telepath Erik Jan

Hanussen auf, was sich als Fehlgriff erweist, da es zwischen Breitbart und Hanussen bei einem früheren gemeinsamen Engagement in Deutschland zu Differenzen gekommen war, die noch ihrer gerichtlichen Austragung harrten.

Hanussen, der nun bei einer heimlichen Visitierung der Geräte Breitbarts im Ronacher von diesem erwischt und geohrfeigt worden war, hatte in einem Interview erklärt, daß es lächerlich sei, wenn ein Mensch von sich behaupte, daß er mit dem Schmelz seiner Zähne 5 mm dicke Eisenketten zerbeißen könne, das müsse ein raffinierter Trick sein.[4]) Welche Bemerkung eine weitgehende Empörung in der Öffentlichkeit auslöste, denn ganz Wien stand auf der Seite Siegmund Breitbarts. „Er beißt Ketten", das war die Parole, „und Hanussen ist eben nur neidisch!"[5]) In seinen Lebenserinnerungen[6]) zeigt Hanussen auf, wie das Kettenbeißen vor sich geht, nämlich durch Knotenketten, die durch das Ineinanderschachteln einzelner Glieder zum Knebel gedreht und sodann mittels Hebelwirkung gesprengt werden können. Die aus dem Publikum gereichten Ketten wurden offensichtlich durch solche des Athleten ersetzt.

Erik Jan Hanussen, der zum Rivalen Breitbarts wurde

Aber Wien war geradezu einem Breitbart-Rausch verfallen, der seinen Niederschlag auch in einer Breitbart-Redoute fand, selbstverständlich auch im Ronacher, wo „Tout de Vienne" in Frack und Abendkleid erschienen war. Der aus einer armen jüdischen Familie stammende Athlet wurde von vielen seiner jüdischen Mitbürger – für die er bedeutende Summen spendete – wie ein Nationalheld bewundert; in vielen Läden und Werkstätten hingen Bilder von ihm, und in den Synagogen wurde für seinen Erfolg gebetet.

Hanussen war bald von seinem Engagement im Ronacher zurückgetreten und gastierte im Apollo, wo er die 19jährige Martha Farra als „Eisenkönigin" präsentierte. Sie war eine junge Wienerin, die Hanussen – wenn man seinen Memoiren glauben darf – aufgrund einer Wette auf der Straße angesprochen und innerhalb weniger Tage „angelernt" hatte. Martha hieß sie tatsächlich, der Zuname kam von Ferrum (Eisen).

Martha Farra zeigte „unter der Suggestivkraft Hanussens" verschiedene an Breitbart erinnernde Produktionen, die beachtliches Aufsehen erregten. Bei der Premiere im Apollo war es freilich zu einem Skandal gekommen, da die ersten Reihen des Varietétheaters durchwegs von Angehörigen der „Breitbartpartei" besetzt waren. Als Martha Farra die Bühne betreten hatte, wurde sie von den gemieteten Radaumachern denn auch lautstark beschimpft. Die zu biegenden Eisen waren durch heimlich mitgebrachte dünne und ausgeglühte Blechstäbe vertauscht worden, die die bestellten Rowdys nun vor den Zuschauern bogen, um sie glauben zu machen, daß dies die Eisen der Martha Farra seien. Es kam zu Tumulten, die sich auf der Straße fortsetzten, wo sich Breitbart- und Hanussenanhänger eine richtige Schlacht lieferten, so daß berittene Polizei einschreiten mußte.

Hermann Leopoldi mit Girls

Siegmund Breitbarts Leistungen wurden im besonderen auch als Willensdemonstration des starken Individuums gesehen, an dessen Aktivitäten der Zuschauer durch Identifikation partizipiert. Es war der Kult um einen Menschen, der fast schon Wunder schafft und damit den Boden für Mystifizierungen bereitet.

Anmerkungen:
1) Franz Doberl, Ein Leben auf der Ringermatte, S. 93
2) Im Text Otto Reutters ist es Herr Fichte. Armin Berg hat auch sonst einige „Einwienerungen" vorgenommen.
3) Zitiert nach Theodor Ottawa, Ronacher. Der Roman eines weltberühmten Wiener Varietés
4) Erik Jan Hanussen, Meine Lebenslinie, S. 230
5) Ebda., S. 230
6) Ebda., S. 231

IX. Glanz und Niedergang

Grock, mit bürgerlichem Namen Adrian Wettach (1880–1959)

Der große Schrei der zwanziger Jahre war die Revue, die durch einen ungeheuren materiellen Aufwand die Illusionierung des Zuschauers zu perfektionieren suchte. Sie überrundete an Popularität kurzfristig die Operette, die, ungeachtet des Entstehens einer Reihe von mehr oder weniger dauerhaften Werken in jener Zeit, Anzeichen von krisenhafter Erstarrung zeigte. Das war einerseits auf die Schematisierung und Schablonisierung ihrer Libretti, andererseits aber auf die Konfrontation mit dem Jazz bzw. der neuen vom Jazz beeinflußten Tanz- und Schlagermusik zurückzuführen. Im besonderen waren es amerikanische Show-Orchester, die die europäischen Großstädte bereisten und so den Wellenschlag dieser Musik herübertrugen.

Wenn wir uns freilich ansehen, welche Musik unter dem Begriff „Jazz" in der Ersten Republik geboten wurde, dann stoßen wir auf ein sehr weites Spektrum von Tanz- und Unterhaltungsmusik, die vom Ragtime und vom Jazz beeinflußt war, die deren Rhythmen übernahm und im Klang, vor allem aber auch in der Instrumentation von den bisherigen vertrauten und bodenständig gewachsenen Formen des Genres abwich. Etwas von der revolutionären Vitalität des Jazz war aber auch noch in all diesen unter seinem Einfluß entstandenen Musikstücken lebendig, zu elementar waren seine Rhythmen, um nicht auch noch in seinen Nachahmungen und seinen Amalgamierungen mit der tradierten einheimischen Musikszene kräftig durchzuschlagen. Das ganze weite Feld der sogenannten modernen Tanz- und Schlagermusik, dessen Beginn im großen und ganzen mit der Zeit unmittelbar nach dem Ersten Weltkrieg ansetzt, hat sich wesentlich im Schatten des Jazz entwickelt. Ein Tanzrausch hatte Europa befallen, eine Zeit der Entbehrung und Entwurzelung eine geradezu überbordende Sehnsucht nach Lustgewinn ausgelöst. Foxtrott, Shimmy, One-Step u. a. m. hießen die neuen Verführer, denen man nicht erst in den Abendstunden erlag, sondern bereits am Nachmittag beim groß in Mode gekommenen Fünfuhrtee. Die deutschen und österreichischen Komponisten, die bislang den inländischen Markt weitgehend bestimmt hatten, hielten sich gut gegen die Konkurrenz aus Übersee, vor allem auch deswegen, weil sie viele der von außen kommenden Einflüsse aufnahmen und in ihren eigenen Kompositionen verarbeiteten.

Die Kriegs- und Nachkriegszeit hatte die Aufweichung oder Infragestellung alter traditioneller Ordnungen mit sich gebracht. Sie höhlte auch Tabus in der Beziehung der Geschlechter zusehends aus: „Millionen von Männern hatten in der Etappe der Kriegsschauplätze ‚Erfahrungen' machen können, die sie eine unromantischere Haltung den Frauen gegenüber gelehrt hatten. Zugleich hatten die zurückgebliebenen Frauen gelernt, auf eigenen Füßen zu stehen und ihren gesellschaftlichen Wert höher zu veranschlagen. Die populären Lehren der Psychoanalyse taten ein übriges, um den Blick auf den Sexus zu ernüchtern."[1])

Dieser Blick auf den Sexus mit den nun verkündeten Werten der Unabhängigkeit und des Spaßes ist auch Gegenstand etlicher Schlager der Zeit. So heißt es denn: „Wer wird denn weinen, wenn man auseinandergeht, wenn an der nächsten Ecke schon ein anderer steht", „Wenn du nicht kannst, laß' mich mal, bei mir geht das im Nu", „Ich kenne eine kleine Bar, nicht weit vom Knie". Eine Aufzählung, die sich beliebig fortführen ließe. In einem „Psychologie des Schlagers" betitelten Essay aus der für diese Jahre sehr typischen Zeitschrift „Die schöne Frau" liest man: „Der Schlager ist der eigentlichste Ausdruck unserer Zeit, das Volkslied des zwanzigsten Jahrhunderts ... Der Schlager, das sind wir selbst. Wir selbst in unserer Wankelmütigkeit, heute modern zu finden, was wir morgen als längst überholt mit entrüsteter Geste ablehnen ... der Text ist eine Farce unserer Probleme, über die wir uns im Tanz lustig machen."[2])

Der Schlager bildete einen integrierenden Bestandteil der Revue, deren Musik sich ja einerseits aus der Zusammenstellung von Schlagern meist verschiedener Komponisten, andererseits aus der für die jeweilige Revue geschaffenen Partitur (in die diese Schlager eingefügt waren) zusammensetzte. Und diese Schlager waren vor allem in Form von Modetänzen der damaligen Zeit geschrieben. Neue Orchesterfarben und eine teilweise neue Instrumententechnik mit ihren Glissandi und Vibrati hatten das Klangbild verändert. Vor allem Trompete und Posaune, die nun auch mit verschiedensten Dämpfern gespielt wurden, sowie die Klarinette trugen durch die Verwendung von unter dem Einfluß des Jazz entstandenen neuen Techniken und Spielweisen Valeurs der Jazz-Idiomatik in die Tanz- und Unterhaltungsmusik. Dazu

„Ein Strauß von Johann Strauß". Szene aus der Revue „An alle" (aus: Die Bühne, März 1925)

gesellte sich als Novum das Saxophon, das geradezu als repräsentativ für die neue Klangwelt galt. Dabei soll aber nicht vergessen werden, daß das Saxophon schon 1846 von Sax erfunden worden ist, daß es sich bereits in der Instrumentationslehre von Hector Berlioz abgehandelt findet und in den Militärkapellen verschiedener Länder seit längerem verwendet wurde. Auch in Werken der sogenannten E-Musik war das Instrument schon vereinzelt vertreten.

Die Schlager- und Tanzmusik setzte die Revue vor allem in den Tanz-und Ausstattungsbildern ein, deren optische Entfaltung wesentlich ihren Erfolg bestimmte. Die Aufwendigkeit der Ausstattung spiegelte sich vor allem in den Kostümen wider, „Revuen waren nicht nur Entkleidungs-, sondern auch Kleidervorführungen."[3]) In der Dekoration, die meist aus einer konventionellen Kulissenbühne und entsprechenden Versatzstücken bestand, waren zwei Elemente von essentieller Bedeutung, die in den meisten Revuen zum Einsatz kamen: die Vorhänge und die Treppe. Dienten die Vorhänge vor allem der Unterstreichung und Erhöhung der visuellen Opulenz, so steigerte die Treppe die Wirkung des Stars, „der bezeichnenderweise in der Regel die Treppe göttergleich von oben hinabschwebte ..."[4])

Stellten etliche Werke der Silbernen Operettenära einen Abgesang auf die untergehende oder untergegangene Monarchie dar, so war die Revue eine typische Erscheinungsform der zwanziger Jahre. Die Revue offerierte in einer Zeit, die nach dem Zusammenbruch einer gewohnten Ordnung voll von politischen, sozialen und wirtschaftlichen Wirren, Unsicherheiten, ja Katastrophen war, den Rückzug in eine Traumwelt, sie bot somit Realitätsflucht und Ersatz der Realität. Diese Traumwelt lieferte schöne Frauen und gutaussehende Männer, die ein Leben voll Luxus demonstrierten. Die Revue war Spiegelbild der hektischen Vergnügungssucht dieser Jahre und wurde zur willkommenen Droge des enttäuschten, frustrierten Bürgers, der hier einen Ort der Illusion und des Vergessens fand.

Ende 1923 übernahmen die Brüder Emil und Arthur Schwarz ein zweites Mal die Direktion des Ronachers. Der Sensationserfolg ihrer Ära war die große Ausstattungsrevue „Wien, gib acht!" von Bruno Hart und Karl Farkas mit der Musik von Fritz Lehner unter Benützung amerikanischer, französischer und englischer Schlager, die einige hundert Male gegeben wurde. Sie begann „Am Semmering" mit Schnee, Rodeldamen und Sportgirls und setzte sich „Im Modesalon" fort, ein Bild, das u. a. 11 Tänzerinnen für die Darstellung von „Das Décolleté" aufwandte und Eva, das alte Ägypten, das Mittelalter, die Renaissance, das Rokoko, das Directoire und „das moderne Décolleté" einschloß. Im Bild 5, betitelt „Das lebende Grammophon", gab es ein Shimmypaar und ein „Negerpaar", das nicht von Schwarzen dargestellt wurde, was typisch für diese Zeit mit ihrer Adoration des „Black America" war. Tanzende und musizierende Schwarze schmückten ja auch etliche Schlagernoten, die „von drüben" kommende Lebenslust und Vitalität symbolisierend. Im Bild 9, „Ein modernes Restaurant", servierte man auch „Das Liebes-Souper", wobei Speisen und Getränke choreographisch verkörpert wurden, und zwar: die Auster, die Forelle, die Gänseleberpastete, das Huhn, Russischer Salat, Türkischer Kaffee, Hobee-Likör, die Obstschale, sowie Tokajer, Italienischer Wein, Spanischer Wein, Burgunder, Rheinwein, der Heurige, der Champagner und schließlich noch der Champagner-Rausch. Es war an sich die im wesentlichen überlebte Form des Divertissements, die nun in den Revuen fröhliche Auferstehung feierte.

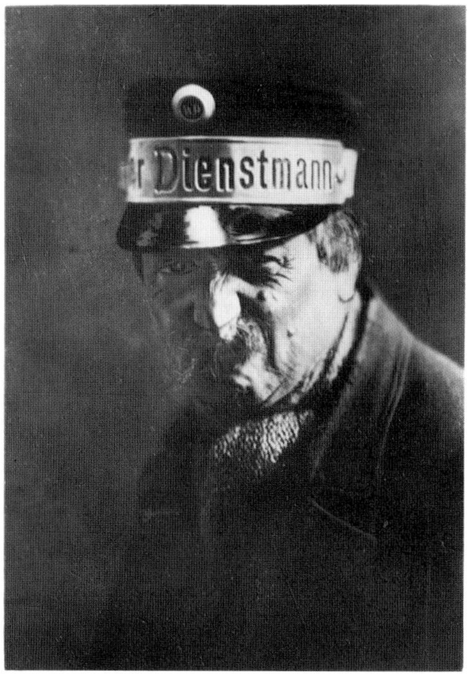

Hans Moser feierte in der Revue „Wien, gib acht!" seinen ersten, auch international beachteten Erfolg.

Darsteller von „Wien, gib acht!" waren u. a. Louise Krauß, Christl Mardayn, die Nackttänzerin Edmonde Guy und ihr Partner Ernest van Düren, vom Staatsopernballett Ilona Karolevna und Rudi Fränzl, ein junges Revuegirl namens Lilian Harvey, das im Ronacher rasch zur Ballettmeisterin avancierte und von hier aus für den Film entdeckt wurde, die Deutschmeister-Regimentskapelle und der bis zu diesem Zeitpunkt noch relativ wenig bekannte Hans Moser, der darin seinen großen schauspielerischen Durchbruch schaffte.

Die Dienstmannszene, die Moser zuerst in einigen Rauchtheatern gespielt hatte und mit der er nun in „Wien, gib acht!" vertreten war, hat er bekanntlich auch später immer wieder gestaltet. In dieser Szene wird von einem Paar ein Dienstmann gerufen, um einen ebenso schweren wie unförmigen Koffer zum Bahnhof zu bringen. Der Dienstmann macht sich mit einem wahren Wortschwall ans Werk, aber der Koffer ist einfach nicht zu schleppen, ja kaum zu fassen, welche Bemühungen auch angestellt werden. Das Paar, das es eilig hat und zusehends in Nervosität gerät, treibt den

Dienstmann an, der aber nicht aus der Ruhe zu bringen ist. Der vielmehr die Aufforderung sich zu beeilen mit stoischer Ruhe ablehnt. Etliche Redewendungen dieser Dienstmannszene sind ja seitdem zu klassischen Ausdrücken des Wienerischen geworden wie „Wia nehma'n denn" oder „Hudln hat gar keinen Wert". „Aber alle diese mit keuchendem Atem vorgebrachten Redensarten waren in Mosers grandios-komischer Darstellung nichts anderes als Vorwände, um einesteils zu verdecken, daß er den Koffer nicht hochzubringen imstande war, und um andererseits sich von jeder allzugroßen körperlichen Anstrengung zu drücken. Nicht der Koffer blieb Sieger, sondern der Dienstmann, der sein Unterliegen dadurch bemäntelte, daß er aus der Unbeweglichkeit des Koffers ein Problem machte, das man diskutieren müsse."[5])

Eine andere Rolle, die Moser in „Wien, gib acht!" zu spielen hatte, war die des „Pompefunèbrers Bitterlich" in dem Bild „Oh, diese Streiks!". Das Geschehen ging davon aus, daß sich die Träger eines Bestattungsunternehmens im Stockwerk geirrt hatten und in eine schon leicht angeheiterte Hochzeitsgesellschaft gerieten. Moser als Anführer der Leichenträger war nun völlig fassungslos über die, wie er vermeinte, fröhlichen Erben und beharrte borniert und stachelig darauf, daß hier ein Toter weggeschafft werden müßte. Chaplin, damals im Zuge einer Europareise in Wien, sah sich die Revue an und brachte seine Faszination über Mosers Darstellung zum Ausdruck.

Trotz des großen Erfolges dieser Revue mußte das Ronacher für fast ein Jahr schließen. Auch andere Bühnen sperrten in dieser Zeit als Folge der ernsten wirtschaftlichen Situation vorübergehend zu.

Nach erfolgter Währungsreform aufgrund des Schillinggesetzes vom 12. Dezember 1924, wonach 10.000 bisherige Inflationskronen durch einen Schilling ersetzt wurden, eröffnete das Ronacher wieder seine Pforten. Das Jännerprogramm des Jahres 1925, das nun wieder ganz im Zeichen des klassischen Varietés stand, brachte u. a. Torkat mit seinen 50 dressierten Hähnen, die auf Kugeln balancierten und alle möglichen Wagen fuhren, die Trapezattraktion der „Sisters Wood" und wie sooft Hermann Leopoldi, dessen bekannter Shimmy „Adrienne" auch den Orchesterauftakt zum zweiten Teil des Programmes bildete. Hier gab es einen von dem bekannten Texter Wauwau verfaßten Schlager über die Pionierzeit des österreichischen Rundfunks, dessen

Plakat aus dem Oktober 1934

Das Programm zur Ausstattungsrevue „Wien, gib acht!" von Bruno Hart und Karl Farkas (1923)

Refrain mit den Worten begann: „Die schöne Adrienne tschin-ta-ra-ta-ta-ta-ta-ta-ta-radio hat eine Hochantenne ..." Das Jännerprogramm brachte aber auch eine wirkliche Sensation und die hieß: „Grock".

„Grock, der größte Clown der Welt" konnte man durch Jahrzehnte auf den Plakatsäulen lesen, „Grock" leuchtete es in Riesenbuchstaben auf den Fassaden in den Metropolen. Grock, der mit bürgerlichem Namen Adrian Wettach hieß, angeblich durch Jahrzehnte die höchsten Gagen in europäischen Varietés bezog und ein märchenhaftes Schloß an der italienischen Riviera bewohnte, war zur Zeit seines Auftretens im Ronacher bereits eine legendäre Persönlichkeit. Nun aber war Grock in Wien erschienen, mit seinem vergnügten Lächeln, in seinem hellkarierten Rock, der Glatzenperücke und den weißen Handschuhen und den berühmt gewordenen Requisiten, wie etwa der Mini-Geige, dem widerspenstigen Geigenbogen, dem Klavier, dessen Deckel soviel überraschendes Eigenleben entfaltete, der Concertina u. a. m., und hatte das Publikum sofort in seinen Bann gezogen.

Waruuum? fragte Grock und drückte damit eine grenzenlose Verwunderung aus, die Verwunderung eines Kindes, das sich eben noch über einen holden Unsinn oder über einen vom Wind verwehten Ton freut, der sich im Weltall schon wieder verflüchtigt hat. Grock blieb Sieger in seinem Kampf gegen eine die Umwelt verkörpernde Materie und quittierte die Freude darüber mit seinem berühmt gewordenen „Nit mööööglich".

Das Ronacher-Programm im Februar 1925 wartet nun mit der nächsten großen Sensation auf: mit Enrico Rastelli. Daneben gibt es 13 andere Nummern, darunter das ukrainische Nationalensemble „12 Glazeroffs", Capitain Nansen mit seinen jonglierenden und balancierenden Seelöwen und Klara Karry sowie den bekannten Wiener Kabarettisten Fritz Wiesenthal. Eine weitere Attraktion sind Jackson und seine 8 Girls, diese, „senkrecht importiert aus London, tanzen, singen, steppen, ... sind alle blond, haben entzückende Kostüme, prachtvolle Beine, sind kleine Sprühteufelchen ..."[6])

Enrico Rastelli ist als eine der vergleichsweise wenigen legendären Erscheinungen, die die Artistik hervorgebracht hat, in die Geschichte eingegangen. „Sein Name war einer der größten Kassenmagneten aller Zeiten ..., das Publikum jauchzte ihm wie einem Liebling der Götter und Menschen zu."[7])

Wenn Rastelli in seiner schlanken, fast zarten Gestalt seine Bälle in die Luft warf, sie wieder fallen ließ, um sie mit der Ferse, in der Kniekehle, auf den Fußspitzen aufzufangen, und sie dann wieder hochschleuderte, damit sie über Arme, Beine, Rücken hinauf- und hinunterrollten, dann mochte es scheinen, wie Rezensenten immer wieder verblüfft feststellten, als ob er unbelebte Materie zum Leben erwecke. „Wer Rastelli jemals gesehen", schrieb „Die Bühne", „wird zugeben, daß seine Jonglierkunst an Zauberei gemahnt, hart an der Grenze des Unfaßbaren, des Unmöglichen sich bewegt... Unsere Sinne können es schwer fassen, daß ein gewöhnlicher Gummiball auf einem Zigarettenspitz spazierengeht, auf dessen Spitze sich dreht und tanzt, von einem Sprung wie an einem Schnürchen wieder zur Spitze zurückkehrt... Er jongliert mit den Füßen wie mit den Händen, auf seinem Kopf und seinem Nakken, seinen Knien ruhen die Bälle gleichsam unbeweglich, über seinen Körper laufen sie wie auf vorgeschriebener Bahn. Magnetisch eilen sie dorthin, wohin sie der Meister befiehlt ... Im Vertrauen gesagt, spielt doch eine gewisse Hexerei mit... nämlich die ... undefinierbare und nicht kopierbare echte Künstlerschaft, die des Genies."[8])

Grock in einer seiner berühmten Szenen

Im März 1925 kommt es abermals zu einer Sensation im Ronacher. Es ist das Gastspiel der im Großen Schauspielhaus in Berlin uraufgeführten monumentalen Ausstattungsrevue „An Alle" von Erik Charell. Die Musik zu „An Alle" stammt gleich von drei Berühmtheiten: Ralph Benatzky, Rudolf Nelson und Irving Berlin, aber auch andere Komponisten arbeiteten mit. Der Text kommt von Beda und Willy Prager, die

Ausstattung u.a. von Ernst Stern, dem renommierten Bühnen- und Kostümbildner Max Reinhardts.

Erik Charell, der drei große Ausstattungsrevuen im Großen Schauspielhaus produziert hat, hatte die richtige Spürnase für die Wünsche des Publikums. Sein Erfolgsrezept bestand in der gekonnten Symbiose von schönen Frauen, einer überaus verschwenderischen Ausstattung, einer mitreißenden Musik, witzigen Pointen und dem Einsatz beliebter Darsteller.

Enrico Rastelli (1886–1931), der berühmteste Jongleur aller Zeiten

Die Revue „An Alle", die in Berlin schon einen riesigen Erfolg verbuchen konnte und über hundert Mal gespielt wurde, wird jedoch in Wien teilweise verändert und angepaßt präsentiert und vor allem in den tragenden Partien mit anderen Kräften besetzt. So vertauscht Berta Kiurina die Bühne der Staatsoper mit der des Ronachers, spielen allseits beliebte Wiener Kabarettistinnen und Liedersängerinnen wie Klara Karry und Rosl Berndt und tritt der später als Filmkomiker populär gewordene Oskar Sima auf.

„Der Zuschauer kommt wahrhaftig auf seine Rechnung", schreibt „Die Bühne". „Man läßt ihn eine Pracht der Kostüme, eine Buntheit der Szenerie schauen, wie sie an dieser Stelle wohl noch nicht geboten ward. Diese Revue wendet sich wirklich ‚an alle', denn sie hat, da sie auch nur den Schatten einer zusammenfassenden Handlung vermeidet, reichlich Gelegenheit, dem Einfall zu folgen und in Bewegung zu setzen, was gut und teuer ist. Technisch kann dieser Betrieb dem wechselvollen Spiel eines üppigen Traumes verglichen werden, dessen Bilder jäh auftauchen und verschwinden, abrollen und wiederkommen."[9])

Die Premiere von „An Alle" wird als ein theatralisches und gesellschaftliches Ereignis ersten Ranges gefeiert, bei dem, wie viele Journalisten feststellen, ganz Wien anwesend war. Und sie schwärmen vom Meer der Lichter und Farben und der Pracht der Kostüme. Über 200 Mitwirkende sind zu verzeichnen, „märchenhafte Bilder wechseln mit lustigen Sketches, moderne Tänze, als deren beste Vertreter die weltberühmten Original John-Tiller-Girls zu sehen sind, mit alten Ballettszenen, als deren Choreograph Rudi Fränzl von der Oper zeichnet."[10]) Über nackte Frauen im Bade „rieselt pures, veritables Wasser"[11]), und was die sündteure Ausstattung betrifft, so wird konstatiert, daß allein über 300 Meter an Goldbrokat verwendet wurden. Bei der Szene „Orangenernte in Sizilien" ist nicht nur eine ganze Orangerie zu sehen, deren Früchte zu leuchten beginnen, vielmehr duftet sogar das ganze Theater nach ihnen. „Mütter der ganzen Welt" betitelt sich eine andere Szene, bei der die russische Mutter, die „Negermutter", die japanische Mutter, die Zigeunermutter und die deutsche Mutter auftreten und „sozusagen als Urmutter"[12]) die singende Kiurina. „Man steigt nicht zu den Müttern hinab, sondern zu den Müttern hinauf."[13])

„Lob der Revue" betitelte H. H. Stuckenschmidt einen Essay, in dem er u. a. ausführte: „Prunk, Farbe, Nacktheit, neueste Witze, erregende Musik, Tempo, Clownerie, Spannung, Mode, Blasphemie, pathetischer Rausch, etwas fürs Herz, Zote, Ironie – das sind ihre Requisiten ... Apologie des Vergänglichen und ein grandioser sinnloser Gottesdienst der Sinne, das ist ihre Formel ... Denn im Sinnlichen nicht im Sinnhaften ... ist sie verwurzelt ... Immer wieder krönt diesen graziösen Spuk, diesen Taumel von Farbe, Licht und Form das Bild des nackten weiblichen Körpers. Und aller Zweck, der bis zum unerhörtesten Raffinement gesteigerten Revuekostüme, scheint es nur, diesen Körper noch endgültiger zu entkleiden ..." Und der angesehene Kulturkritiker schloß mit den Worten: „Befreiender als das literarische Theater und die Oper, vielseitiger als Varieté und Ballett, ist sie einer der Wege zur vollkommenen sinnlichen Glückseligkeit. Dichter und Musiker! Schafft Revuen!"[14]) Die Ausstattungsrevue der zwanziger Jahre war jedoch

„Das goldene Lied".
Schlußszene des 1. Aktes der Revue
„An alle" (aus: Die Bühne, März 1925)

ein Zeitphänomen, dessen Höhepunkt in wenigen Jahren erreicht bzw. überschritten war und deren Epoche im wesentlichen um 1930 zu Ende ging. Ihre Elemente wirkten u. a. in der Revueoperette und im Revuefilm weiter.

Die hohe Lustbarkeitsabgabe stellte den Saisonbeginn im Ronacher 1925/26 sehr in Frage. Sie war Bestandteil des rigorosen Steuersystems, das der sozialdemokratische Finanzstadtrat Hugo Breitner für die Erfüllung kommunalpolitischer Ziele entwickelt hatte. Ein Steuersystem, das dem Stadtrat die erbitterte Feindschaft des bürgerlichen Lagers einbrachte; keine andere Persönlichkeit der österreichischen Sozialdemokratie und kein Politiker der Ersten Republik war so andauernden und teilweise wüsten Beschimpfungen ausgesetzt wie Breitner. Schließlich wurde das Haus aber doch eröffnet, und zwar mit einer Wiederaufnahme der Revue „Der Die Das" von Emil Schwarz und Hans Pflanzer. Die Revue lief den September hindurch, im Oktober 1925 blieb das Ronacher, wie etliche andere Wiener Bühnen auch, geschlossen. Die Wiedereröffnung im November erfolgte dann mit dem Gastspiel der grandiosen Revue „Chocolate Kiddies" mit Sam Woodings vielbejubelter Jazzband. Die aus Amerika stammende, in Paris populär gewordene „Nigger-Revue" war groß in Mode gekommen, die „Chocolate Kiddies" und die „Revue Nègre" (mit Josephine Baker) waren ihre prominentesten Repräsentanten. Ja, Paris betrieb geradezu einen Kult mit diesen Revuen, der sich in langen Zeitungsartikeln und Essays über die Kunst der Schwarzen und ihre Möglichkeiten einer Befruchtung der europäischen Phantasie niederschlug. Auf einmal galt es als schick, „Negerschmuck" zu tragen, so wie es modisch wurde, sich braun anzustreichen oder mit verzückten Bewegungen Charleston zu tanzen. Und Kulturkritiker verglichen die „Neger-Revue" hinsichtlich ihrer Bedeutung mit der Uraufführung von Jarrys „Ubu Roi" 1896 oder mit jener von Strawinskys „Le sacre du printemps" 1913.

Miksa Préger, der die Direktion des Ronachers von Dezember 1925 bis April 1926 innehatte und dessen Ära von einer beachtlichen finanziellen Mißwirtschaft geprägt war, verwandelte das Haus in ein Operettentheater, was es ja bislang – sieht man von diversen Ansätzen und den Kurzoperetten im Rahmen von Varietéprogrammen ab – nur in der Direktionszeit von Oscar Straus gewesen war. Begonnen wurde mit „Das Spiel um die Liebe" von Jean Gilbert in renommierter Besetzung, die u. a. die Namen von Oskar Karlweis, Louise Kartousch, Emil und Arthur Guttmann und Cordy Milowitsch aufwies. Darauf folgte „Madame Pompadour" von Leo Fall, jene zeitkritische und faszinierende Meisteroperette voll erotisierender Rokokoatmosphäre, in der man unschwer das Berlin der zwanziger Jahre erkennt. Hier wurde sowohl durch die überaus einschmeichelnde und prickelnde Musik als auch durch den geistvollen Text (Rudolph Schanzer und Ernst Welisch) so etwas wie Offenbachscher Esprit auf die Bühne geholt.

Im März 1926 kam es dann zur österreichischen Erstaufführung von „Die Teresina" von Oscar Straus unter der Leitung des Komponisten. Die Uraufführung der „Teresina" war im September 1925 in Berlin im „Deutschen Künstlertheater" mit Fritzi Massary in der Hauptrolle in Szene gegangen. Die beiden Textautoren Rudolph Schanzer und Ernst Welisch hatten für die große Operettendiva die Rolle einer Sängerin bei einer Wanderbühne erfunden, die 1799 von dem aus der Emigration von Amerika nach Frankreich zurückkehrenden Grafen Lavalette – er war vor der Französischen Revolution dorthin geflüchtet – geheiratet wird. Aber nicht Liebessehnsucht veranlaßt den Grafen zu diesem Schritt, sondern einfach Angst. Denn in Frankreich gilt die gesetzliche Bestimmung, wonach jeder zurückkehrende Aristokrat hinzurichten ist, falls er sich nicht mit einem „Mädchen aus dem Volke" verheiratet. Da kehrt Napoleon aus Ägypten nach Frankreich zurück, Lavalette schließt sich ihm an und „vergißt" Terese. Als diese dann nach einiger Zeit als vielbejubelter und vielumworbener Star „Teresina" Paris erobert, entflammt auch Napoleon für die bezaubernde Frau. In der Gunst der Teresina wird er aber von seinem Adjutanten Lavalette geschlagen, der diese Position nun seiner zukünftigen Frau zuliebe verläßt.

Ronacherdirektor Préger hatte lange Zeit gehofft, Fritzi Massary würde die Titelpartie auch in Wien singen, was diese aber ablehnte. So vertraute er die Titelpartie der bekannten Soubrette Louise Kartousch an, die allerdings für diese Rolle keine Idealbesetzung darstellte. Als diese zudem kurze Zeit nach der Premiere erkrankte, brachte ihr Ausfall den Zusammenbruch der ganzen Produktion und schließlich auch der Direktion mit sich.

Die Direktion Préger veranstaltete auch Gastspiele des, wie es damals hieß, „Deutschen Volkstheaters" im Ronacher. In Max Halbes an Ibsen orientiertem Drama „Jugend" traten hierbei Paula Wessely als das 18jährige Annchen und Hans Jaray als der junge Student Hans Hartwig auf. In Anzengrubers „Der Pfarrer von Kirchfeld" wurde die Titelpartie des jungen liberalen Priesters Hell von Theodor Grieg gespielt. Besonders bemerkenswert ist aber wohl das Volkstheatergastspiel von Pirandellos „Sechs Personen suchen einen Autor", jenes großartigen „Stückes, das geschrieben werden soll", in dem Bühnenillusion zur Realität und die Realität zur Bühnenillusion wird, dem Gedanken folgend, daß Sein und Schein in ihren Grenzen nicht bestimmbar sind.

Im April 1926 war die Direktion Préger am Rande des Konkurses. Die Miete war bereits seit Monaten nicht mehr gezahlt worden und die Steuerschulden gewaltig angewachsen, Pfändungsbeamte zu täglichen Besuchern geworden. Letztendlich wurde das Haus aus fadenscheinigen „feuerpolizeilichen" Gründen geschlossen. Und das blieb es zunächst auch, obwohl es nicht an ernsthaften Interessenten für seine Leitung fehlte. Erst Anfang 1927 wurde es unter der Direktion von Alfred Grünfeld wieder in Betrieb genommen und bis zum Juni 1927 als Varieté geführt.

Am 15. Juli 1927 kam es infolge der immer größer werdenden politischen Spannungen zum Brand des Justizpalastes. In Schattendorf im Burgenland hatten Auseinandersetzungen zwischen Angehörigen des Republikanischen Schutzbundes und der Frontkämpfervereinigung zwei Todesopfer und mehrere Verletzte gefordert. Nach dem skandalösen Freispruch der des Mordes angeklagten Frontkämpfer durch die Geschworenen erfolgte eine Protestaktion von Wiener Arbeitern und ein Demonstrationszug über den Ring. Als dabei der Justizpalast erstürmt und Möbel und Akten in Brand gesteckt wurden, befahl Polizeipräsident Johann Schober den Einsatz von Schußwaffen. Die blutige Bilanz dieses Tages wies 89 Tote und rund 1600 Verletzte aus. Das für die innenpolitische Entwicklung der jungen Republik folgenschwere Ereignis führte zu einer nicht mehr überbrückbaren Kluft zwischen Christlichsozialen und Sozialdemokraten.

Jack Guldan, als Bärendompteur bekannt, mit einem seiner Braunbären

Wirtschaftlich hatte sich jedoch die Lage entscheidend zu verbessern begonnen – 1927 und 1928 waren Aufschwungsjahre, wenngleich sich die Zahl der Arbeitslosen nur geringfügig verringerte. Bis 1929 die Weltwirtschaftskrise hereinbrach.

Das Ronacher blieb geschlossen, drei Jahre, bis zum Juli 1930. Schon begann man wieder einmal von einer Krise des Varietés im Zusammenhang mit der Entwicklung des Tonfilms zu sprechen. Darauf schien auch der Umbau des Apollo in Wiens größtes Kino hinzuweisen, das am 11. September 1929 mit dem amerikanischen Tonfilm „Lady Hamilton" eröffnet wurde. Für das Ronacher sollte es jedoch ganz anders kommen.

Anmerkungen:

1) Enno Patalas, Stars – Geschichte der Filmidole, S. 47

2) Walter Anatole Persich: Psychologie des Schlagers. In: Die schöne Frau. Monatsschrift für Geschmackspflege. 4. Jg., Heft 1 (Bielefeld o. J.), S. 4 ff.

3) Theodor W. Adorno, Einleitung in die Musiksoziologie, S. 37

4) Franz Peter Kothes, Die theatralische Revue in Berlin und Wien 1900–1938, S. 82

5) Oskar Maurus Fontana, Hans Moser, S. 53

6) Die Bühne, Heft 14 (12. Februar 1925), S. 43

7) Robert Wilschke, Im Lichte des Scheinwerfers, S. 138

8) Die Bühne, Heft 107 (25. Nov. 1926). Anläßlich des Auftretens von Rastelli im Apollo (daher also nach dem Gastspiel im Ronacher), S. 32 ff.

9) Die Bühne, Heft 18 (12. März 1925), S. 2 ff.

10) Ebda., S. 4

11) Ebda.

12) Ebda.

13) Ebda., S. 2

14) Die Bühne, Heft 76 (22. April 1926)

Armin Berg unterhielt das Ronacherpublikum immer wieder durch seine überaus witzigen Couplets.

X. Die dreißiger Jahre

Szöke Szakall (1893–1955), der bekannte Filmkomiker, trat im Ronacher in Revuen von Wilhelm Gyimes und Hugo Wiener auf.

Im August 1930 beginnt mit dem Erscheinen von Bernhard Labriola eine neue Ära des Ronachers, in der das Varieté wiederum Glanzzeiten entgegengeht. Labriola, einer neapolitanischen Familie entstammend und am 7. August 1890 in Darmstadt geboren, sollte wie sein Vater den Beruf eines Kammachers ausüben, den er ursprünglich auch erlernte. Der junge Mann, dessen athletische Fähigkeiten im Turnverein entdeckt wurden, zeigte zunächst aber wenig Lust, seßhaft zu werden. Er trampte davon und landete als Kraftmensch beim Circus, was ihm aber à la longue nicht behagte. So wandte er sich dem Sport zu und avancierte in wenigen Jahren zum Klassestemmer, wobei er 1912 einen Weltrekord im einarmigen Stoßen aufstellte.

Im Ersten Weltkrieg der Artillerie zugeteilt, kam Labriola die Idee, Kunststoff an Stelle von Zink für die Kartuschen zu verwenden, da Zinkkartuschen den Farbton der Leuchtspurmunition nachteilig veränderten. Er wurde, um diesbezüglich experimentieren zu können, zunächst für einige Wochen vom Militärdienst freigestellt. Als das Experiment gelang und Labriola nun Millionen von Zelluloidhülsen produzierte, wurde er rasch zum erfolgreichen Rüstungsfabrikanten.

Auch nach 1918 ist Labriola ein vermögender Mann, der sich jetzt der Gastronomie zuwendet. Bald verfügt er über mehrere Lokale und Vergnügungsstätten, in denen er ausgezeichnet zu wirtschaften versteht.

Als erfolgreicher Geschäftsmann widmet er sich mit Hingabe dem Kraftsport und holt sich zahlreiche Stemmeistertitel. Außerdem beginnt er noch Autorennen zu fahren und sammelt auch hier Plaketten.

Als sich Labriola nun um die Leitung des Ronachers bewirbt, macht das einst so strahlende Haus schon einen etwas abgewirtschafteten Eindruck, alles wirkt ein wenig morsch und zerschlissen.

Labriola hat für die Führung des Theaters ein genaues Konzept entwickelt. In künstlerischer Hinsicht gedenkt er das Haus als klassisches Varieté zu führen. In finanzieller Hinsicht strebt er das Weltstadtvarieté zu niedrigen Eintrittspreisen an, was zunächst ein Kopfschütteln bei anderen Theaterdirektoren auslöst. Auch beim vielfach gefürchteten Wiener Finanzstadtrat Hugo Breitner stößt Labriola anfangs auf Skepsis. Letztlich muß Labriola aber auf Breitner doch einen überzeugenden Eindruck gemacht haben, umso mehr, als er auch einen genauen Ratenplan über die Abstattung der restlichen Steuerschulden des Hauses vorlegte. So kam es rasch zur Unterzeichnung eines Fünfjahresvertrages, und bereits im August öffnete das Ronacher, dessen ungewisses Schicksal auf den Schultern der Gemeindeväter schon bleiern gelastet haben mochte, wiederum seine Pforten. Zu diesem Zeitpunkt waren die Tische und Stühle bereits Sitzreihen gewichen, der Zuschauerraum faßte jetzt 1.546 Personen.

Labriolas Konzept erweist sich als durchschlagender Erfolg, das Ronacher ist fast täglich ausverkauft. Das Haus an der Seilerstätte wird in Kürze wieder zu einem der ersten des Kontinents, wieder gilt es als internationale Empfehlung, hier aufgetreten zu sein. Und die Zeitungen widmen den Programmen wieder lange Berichte.

Im Eröffnungsjahr treten die Weintraub-Syncopaters auf, die in dem Film „Der Blaue Engel" die von Friedrich Holländer komponierte Musik spielten. Die Weintraub-Syncopaters galten als eine der führenden Jazzbands der Zeit, heute rechnen wir sie der vom Jazz inspirierten Tanzmusik zu. Es gibt etliche Schallplatten dieser 7-Mann-Formation, deren Namen auf ihren Mitbegründer Charlie Weintraub zurückgeht. So können wir nachvollziehen, welche Begeisterung die Weintraubs durch ihren überaus beschwingten, sehr weichen, aber rhythmisch prägnanten Sound hervorgerufen haben. Übrigens spielte auch Peter Kreuder einige Zeit in dieser Band, seiner Behauptung nach als wahrscheinlich einziger Nichtjude[1]), was aber nicht stimmt.[2]) Die sieben Herren der Band beherrschten insgesamt über 30 Instrumente, neben den bei einer Jazzband gängigen beispielsweise auch Harmonium und Celesta, Sopransaxophon und Baßklarinette oder das Mellophon, ein dem Waldhorn ähnliches Instrument. Sie stiegen manchmal innerhalb eines Stückes von den Saxophonen und dem Blech auf einen Streichersatz um (oder umgekehrt), sangen bisweilen dazu noch voll Charme und absolvierten hinreißende Bühnenshows. Zur Zeit von Hitlers Machtergreifung weilten sie in der Schweiz, von wo sie von einem sowjetischen Agenten nach Moskau geholt wurden, um dort vor einem entzückten Stalin zu musizieren.

Andere Attraktionen des Jahres 1930 sind beispielsweise die 4 Romeos in ihrem Athletik-Akt „Wege zu Kraft und Schönheit" oder die „Zebradressur" der Baring Brothers, unter Anführungszeichen deswegen gesetzt, weil es sich hier um den schon uralten Jokus handelt, wonach zwei Menschen unter einer künstlichen Tierhaut stecken. Auch Publikumsliebling Hermann Leopoldi ist wieder an das Ronacher engagiert, diesmal mit seiner Partnerin, der jungen, bildhübschen rothaarigen Russin Betja Milskaja.

Die „7 Maravillas" präsentierten Parterreakrobatik und Equilibristik.

Das Ronacher-Programmheft vom Dezember 1930 enthält eine aufschlußreiche Statistik, wonach bereits Ende November 250.000 Besucher gezählt werden konnten, was bedeutet, daß in den rund 13 Wochen seit seiner Neueröffnung durchschnittlich jeder sechste Wiener ins Ronacher kam. Das Haus beschäftigte damals 112 Angestellte, darunter ein 18 Mann starkes Orchester, eine erstklassige Jazzband, eine eigene Girltruppe, 16 Billetteusen, 5 Portiers, 14 Garderobefrauen, 6 Kellner und 5 Buffetdamen.

1931 finden wir unter den zahlreichen Nummern der monatlich wechselnden Programme den Gentleman-Jongleur Felix Adanos, der im Laufe der Zeit mehrmals an das Haus engagiert wurde. Adanos, eine schlanke und überaus elegante Erscheinung, nannte als seine Vorbilder die großen Salonjongleure Kara und Salerno, aber auch Fred Astaire, von dessen tänzerischer Leichtigkeit er sich sichtbar inspirieren ließ. Der aus Österreich stammende Wahlberliner gehörte zu den wenigen seines Faches, die 5 Gegenstände unterschiedlichster Form und Größe jonglierten, wie ein langes Billardqueue, ein kleines Stück Kreide und 3 echte Billardkugeln.

Isabelle Otéro, angeblich eine Nichte der berühmten Tänzerin des Fin de siècle „La Belle Otéro", ist mit einer eigenen Revue und einer Tangokapelle vertreten. Der Athlet Rudi Klär, Mr. Universum des Jahres 1923 und von Enrico Caruso angeblich als der schönste Mann der Welt bezeichnet, die populäre Diseuse Christl Giampietro mit sehr deftigen Chansons und Joseph Golemann mit seinen grandios dressierten Füchsen, die auf kurzen, abgesägten Baumstümpfen saßen und auf das Kommando ihres Herrn warteten, sind weitere Attraktionen dieses Jahres.

Felix Adanos (1905–1991) war der letzte prominente Vertreter des Gentleman-Jongleurs.

Noni, der Clown mit der Glatzenperücke und Virtuose auf zahlreichen Instrumenten, trat zusammen mit seinem Partner Horace und mit eigenem Ballett und eigener Jazzband auf. Und wurde laut Programmheft[3]) als eine Art neuer Grock angepriesen, umso mehr, als man vermeinte, daß sich Grock vom Varieté zurückgezogen habe. Das war aber nur vorübergehend der Fall, Grock trat vielmehr bis 1954, in Einzelveranstaltungen sogar noch länger auf.

Und es kam Dante mit seiner großen abendfüllenden Zauberschau, mit 30 Assistenten und rund 350 Schrankkoffern für die Requisiten. „Er schrieb keine ‚Göttliche Komödie', aber er schuf Illusionen. Sein Inferno, das er durchwandert, sind die großen Städte der Erde. Seine Beatrice, die er sucht, ist das internationale Publikum", hieß es dazu im Programmtext.[4])

Dante demonstriert fabelhafte Tricks in einer fabelhaften Ausstattung. Etwa auf dem Gebiet der „Dematerialisation", in dem er ein Mädchen in einem 6 cm großen Scheibenloch verschwinden läßt oder unsichtbar einen Menschen von der hell erleuchteten Bühne zur Decke des Theaters transportiert. Dante „zaubert" aus Knopflöchern bildhübsche Mädchen, ja er „erschafft das Weib" aus einem Stückchen Stoff, etwas Schminke und Puder. Und wenn der Magier mit dem mephistophelischen Spitzbart zum Abschluß zusammen mit allen Mitwirkenden in prächtigen chinesischen Kostümen auf der Bühne erscheint, berührt er mit seinem „Zauberstab" Schuhe, Fingerspitzen, Köpfe und Schultern seiner Assistenten, aber auch Vasen und andere Behältnisse, worauf überall kleine Springbrunnen hervorschießen.

Im Dezember 1931 trat Marika Rökk als 18jährige Tänzerin im Ronacher auf.

Im Dezember 1931 ist eine der Attraktionen die „Queen of the pirouette", und das ist niemand anderer als die 18jährige Marika Rökk, als deren Entdecker Labriola öfters bezeichnet wurde. Was die Künstlerin in einem Interview sehr entschieden und temperamentvoll dementierte und darauf hinwies, daß sie schon vor ihrem Gastspiel im Ronacher Auftritte in großen Häusern absolviert hätte.[5])

1934 trat Marika Rökk dann in der von Wilhelm Gyimes inszenierten Revue „Der Stern der Manege“ im Circus-Renz-Gebäude in der Zirkusgasse auf, wo sie eines Tages vom Pferd fiel und daher im Circus nicht mehr arbeiten konnte. Bereits vorher war Marika Rökk von der UFA entdeckt worden. Hugo Wiener, neben Beda der deutschsprachige Autor dieser Revue von Ladislaus Bus-Fekete, schließt – wie etliche andere – einen diesbezüglichen Zusammenhang nicht völlig aus.[6])

Auch die Programme des Jahres 1932 sind großartig in ihrer Vielfalt und Qualität, und der bullige Ronacher-Direktor sitzt an vielen Abenden in seiner Loge und verfolgt kritisch das Geschehen auf der Bühne und macht dazu laufend Eintragungen in sein Notizbuch. Chester Dieck mit seiner aufregenden Indianer-, Rad- und Motorradattraktion, José Moeser, der elegante Schulreiter in spanischer Nationaltracht, und Rolf Hansen mit seiner charmanten Tempo-Magie, in der er u. a. mit Karten und Tüchern manipuliert, seien aus den vielen Attraktionen herausgegriffen.

Im besonders starkem Ausmaß sind musikalische Darbietungen vertreten. So präsentieren sich der bekannte Operettenkomponist Edmund Eysler, der Schöpfer der vielgespielten „Goldenen Meisterin“, und Charles Weinberger am Doppelklavier, wobei die beiden bärtigen Herren als „Mundi und Charlie“ firmieren. George Boulanger, mit seiner Kapelle und der „schluchzenden“ Geige durch zahlreiche Platten verewigt, auf denen er beispielsweise die Tristesse des „Einsamen Sonntags“ oder den beschwingten Pußta-Fox erklingen läßt, spielt mit seinen 11 Solisten, wobei am Programm teilweise Werke aus der Feder von Boulanger stehen.

Und es kommt Bernhard Etté mit seinem großen Bühnenschau-Orchester, das ob seiner wundervollen jazzigen Tanzmusik durch mehrere Jahrzehnte für die deutschsprachigen Radiohörer und viele Grammophonbesitzer ein Begriff war. Das Programmheft vermerkt hiezu, daß Etté den Rumba nicht vorenthalten wird. „Er hat zu diesem Zweck einige eigentümliche Musikinstrumente, hohle eiförmige Holztrommeln, gefüllt mit ungebrannten Erdnüssen, deren Geräusche zum waschechten Rumba unumgänglich sein sollen, mitgebracht.“[7])

Im Mai 1932 ging dann endlich das von langer Hand geplante und schon in der Vergangenheit mehrfach angestrebte Gastspiel von

Josephine Baker in Szene. Als die Baker im März 1928 im Johann-Strauß-Theater in der Revue „Schwarz auf Weiß" aufgetreten war, bedeutete dies in mancherlei Hinsicht eine Sensation.[8]) Denn ihre Darbietung führte u. a. zu einer Brandrede des christlichsozialen Abgeordneten Jerzabek im Parlament, der gegen den „Sittenverfall" auf das heftigste protestierte, weiters zu einer Massenprotestversammlung der NSDAP, die in den „unkultivierten Schweinetänzen" ein bedrohliches Zeichen des „Kulturbolschewismus" sah und zu einem Sondergottesdienst in der dem Johann-Strauß-Theater benachbarten Paulanerkirche – „als Buße für schwere Verstöße gegen die Moral". Die amüsierte und auch beißende Replik auf all das blieb natürlich nicht aus. Ein Kaleidoskop voll von Merkwürdigkeiten, Lächerlichkeiten und an inquisitorischen Eifer erinnernden Bösartigkeiten, das letztlich auch ein Spiegelbild der innenpolitischen Polarität war.

Das Gastspiel im Ronacher gestaltete sich zu einem riesigen Triumph für die „göttliche Josephine" und ihr Ensemble. Die damals 26jährige präsentierte u. a. ihren legendären Urwaldtanz, bei dem sie nur ein Röckchen aus Bananenblättern trug, und sang, auf einer riesigen Puderquaste sitzend, die die halbe Bühne einnahm, ihre betörenden Chansons wie „J'ai deux amours".

Im Februar 1933 tritt die damals 58jährige Hansi Niese im Ronacher auf und singt hier u. a. „Ich bin in mein Wien so verliebt". Glücklicherweise gibt es Schallplattenaufnahmen dieser großen Volksschauspielerin, die „die Menschen lachen und weinen machen"[9]) konnte. Und die in ihren Liedinterpretationen, in denen sie gelegentlich zu einem „hellen Zwitschern aufschwebt" und dann wieder in ihren tiefen dunklen Baß „hinunterfällt", sowie in ihrer lustigen, oft reschen Art ganz in der Tradition der Wiener Volkssängerinnen steht.

Im März 1933 kann das Ronacher, das „große Wiener Varieté mit den kleinen Preisen", wie es auf Plakaten und in den Programmheften steht, wiederum mit einer Weltsensation aufwarten: mit dem Gastspiel der Mistinguett in ihrer großen Revue „Voilà Paris". Fritz Liebstöckl schrieb dazu im Programmheft: „Es gibt einige Namen in der Welt, die wirklich Rang und Klang haben; die Jeritza, Gigli, die Garbo und die Dietrich, Josephine Baker und Chevalier ... und zu diesen gehört auch die Mistinguett."[10]) Dem ist nichts hinzuzufügen, und wenn im Programmheft an späterer Stelle ausgeführt wird, daß aus allen Teilen der

Josephine Baker am Semmering, März 1928. Sie war hier untergebracht, um vor Protestkundgebungen geschützt zu sein.
Das Gastspiel von Josephine Baker im Ronacher gestaltete sich zu einem überwältigenden Erfolg.

„J'ai deux amours" sang Josephine Baker im Mai 1932 im Ronacher.

Welt Menschen nach Paris reisen, um die Mistinguett in ihren Revuen zu sehen, dann war auch das nicht übertrieben. Viele ihrer Chansons sind ja in die französische Folklore eingegangen wie „Mon homme", „Paris c'est une blonde" oder vor allem „Ça c'est Paris". Sie hat „Valencia", den bis heute immer wieder gespielten One-Step von José Padilla, durch ihre Interpretation zu einem weltbekannten Schlager gemacht und entscheidend daran Anteil gehabt, daß von ihm etliche Millionen Schallplatten verkauft wurden.

Das Engagement des großen Revuestars hätte aufgrund des riesigen Erfolges um Monate verlängert werden können, aber das war wegen anderweitiger Verpflichtungen der Mistinguett nicht möglich. In ihren Memoiren berichtet sie übrigens auch über dieses Gastspiel im „Theater Ronach": „Wenn ich ‚Ça c'est Paris' sang ... kam ich mir jedesmal vor, als würde ich ein gutes Werk verrichten. Bei andächtigem Schweigen, in einer seltsamen Mischung von glücklichen Erinnerungen und schwebender Melancholie entstand vor den Augen meiner Zuhörer das unvergeßliche Bild von Paris ..."[11]) Sie äußerte sich begeistert über Wien, war entzückt, daß jedermann aus der guten Gesellschaft Französisch sprach, wohnte im Hotel Imperial in dem Zimmer, in dem auch der Kronprinz logiert hatte, und vermeinte, daß man dereinst den Gästen verkünden würde, daß in diesem Zimmer der Kronprinz und die Mistinguett (allerdings nacheinander) geschlafen hätten.[12])

Nach dem Gastspiel der Mistinguett wäre Wien eine weitere große Sensation bevorgestanden, nämlich das Gastspiel des schon oben erwähnten, berühmt-berüchtigten Hellsehers Erik Jan Hanussen. Doch Hanussen konnte sein Engagement nicht antreten, da er in einem Waldstück am Stadtrand von Berlin ermordet aufgefunden worden war. Nach Aussagen von Zeitzeugen hatten ihn SA-Männer in das Wäldchen an der Peripherie entführt und dort ein regelrechtes Scheibenschießen auf ihn veranstaltet. Hanussen war offensichtlich für die Nationalsozialisten zu gefährlich geworden.[13])

Labriola engagierte nun statt dessen die Nelson-Revue aus Berlin. Rudolf Nelson ist durch zahlreiche Chansons populär geworden, deren Texte u. a. von Kurt Tucholsky, Friedrich Holländer und Fritz Grünbaum stammen. „Am Flügel: Rudolf Nelson"[14]) wurde zum bekannten Slogan, und direkt auf der Bühne hat er auch viele seiner

Links: Die Mistinguett. Ihre hinreißenden Chansons sind teilweise in die französische Folklore eingegangen. Rechts: Ankunft der Mistinguett in ihrer Revue „Voilà Paris"

schlagerhaft-schmissigen Kompositionen aus der Taufe gehoben. Seine Kabarettrevuen brachte Nelson in verschiedenen Berliner Spielstätten heraus, und zahlreiche prominente Künstler traten bei ihm auf wie z. B. Marlene Dietrich, Anita Berber, Josephine Baker, Hans Albers, Gustaf Gründgens, Kurt Gerron, Max Ehrlich und Willi Forst.

Durch die Machtergreifung der Nationalsozialisten war es in Deutschland zu einem Berufsverbot für jüdische Künstler gekommen, das auch viele Kabarett- und Revuestars in die Emigration trieb. Zu den Ensembles, die en bloc in die Emigration gingen, zählte eben die Nelson-Revue, deren weiteres Arbeiten in Deutschland aus rassischen Gründen nicht mehr möglich war. Schon vor dem Auftreten der Nelson-Revue, mit der auch der jüdische Conférencier Max Ehrlich engagiert worden war, erhielt Labriola anonyme Drohbriefe, in denen er aufgefordert wurde, das Gastspiel dieser „Berlinerischen Juden" abzusetzen.

Labriola fordert daraufhin intensiven Polizeieinsatz an, und am Tag der Premiere sind in der Tat zahlreiche Polizisten im Haus postiert, um allfällige Störer zu entfernen. Als es dann soweit ist und Ehrlich mit seinen Conférencen beginnt, ertönt das erste Zischen und Pfeifen. Obwohl ihm Labriola aus der Kulisse zuflüstert, doch mit den Witzen aufzuhören, läßt sich Ehrlich, offenbar bereits irritiert, nicht davon abhalten und redet weiter, worauf ein Johlen und Schreien einsetzt und laute Pfuirufe ertönen. Beim Großteil des Publikums herrscht Empörung, Rufe nach der Polizei werden laut, und etliche Besucher verlassen aus Angst den Zuschauerraum. Hans Moser, der ebenfalls als Conférencier vorgesehen ist, tritt auf Ersuchen Labriolas vorzeitig vor den Vorhang. Aber auch ihm gelingt es nicht, beruhigend einzuwirken. Im Gegenteil, das Johlen geht von neuem los, und Moser wird nun als Jude und Judenfreund angepöbelt. Die Vorstellung muß abgebrochen werden. Bei der zweiten Aufführung wird das Polizeiaufgebot verstärkt, bei der dritten nochmals, und zwar auf 200 Mann, doch beide Vorstellungen erleiden dasselbe Schicksal wie die Premiere: Sie müssen unter lauten Tumulten und den Rufen „Juden raus, Juden raus" abgebrochen werden.

Labriola, in Wien längst eine allseits bekannte Erscheinung, tritt nun als Leiter des Ronachers zurück. Wahrscheinlich aus politischen Gründen – sein späteres Arrangement mit den Nazis stünde dem nicht unbedingt entgegen. Möglicherweise aber auch aus wirtschaftlichen Motiven. Und zwar konkret wegen einer Pachtsumme, die er nicht zu zahlen bereit war. Die überaus glanzvolle erste Ära Labriola ist damit zu Ende.

Während Labriola in der Folge im Circus-Renz-Gebäude als Pächter fungiert und Varietéprogramme in der Manege gestaltet, wird das Ronacher von Edmund und Philipp Hamber sowie wiederum von Oskar Rosner geführt. Nun treten neben den weiterhin in großer Vielfalt gebotenen artistischen Attraktionen in erhöhtem Maße auch Schauspieler und Opernsänger auf. So Leopoldine Konstantin – sie wurde ursprünglich von Max Reinhardt entdeckt –, und die überaus aparte, von Temperament und Laune sprühende Schauspielerin genießt dieses Debüt im Varieté außerordentlich. Ein Debüt im Varieté feiert auch Leo Slezak in dem Sketch „Lohengrin läßt bitten". „Wohin", heißt es dazu in einer Rezension, „– in das Ronacher, wo derzeit nicht der Gral, sondern der Kral[15]) seine Ritterschaft versammelt, um Leo Slezak, der sich sonst ‚im fernen Land, unnahbar seinen Schritten' aufhält, vom König Artus zum königlichen Artistikus zu geleiten."[16]) Und noch ein dritter berühmter Varieté-Debütant stellt sich ein, der Tenor Alfred Piccaver, vom Wiener Opernpublikum liebevoll „Picci" genannt.

Er ist der Protagonist der revueartigen Bilderfolge „Das ewige Lied", die das Liebeslied verschiedenster Länder und Zeiten illustriert, wobei das bekannte Ballett Hedy Pfundmayr mitwirkt. Gesungen wird aber auch von einem anderen „Star" in diesem Programm, von „Aqua", dem singenden Seelöwen.

Die bezaubernde Diseuse Dela Lipinskaja, die sich selbst am Klavier begleitet, tritt auf und interpretiert Chansons mit Texten von Erich Kästner, Marcellus Schiffer und Joachim Ringelnatz. Im Jänner 1934 spielt Gisela Werbezirk, die oft resolut agierende großartige Kabarettistin und Charakterdarstellerin von geradezu faszinierender Häßlichkeit und in allen Wiener Bezirkssprachen zu Hause, in dem Sketch „Hupf mein Mäderl". Und Fritz Grünbaum brilliert im März 1934 in dem Sketch „Der fliegende Holländer".

Das Ronacher wird vom September 1934 bis März 1935 von Hans Weissenberger und Oskar Rosner, vom September 1935 bis Februar 1937 dann wiederum von Oskar Rosner geleitet und erlebt in diesen unruhigen und bedrohlichen Zeiten glanzvolle Programme.

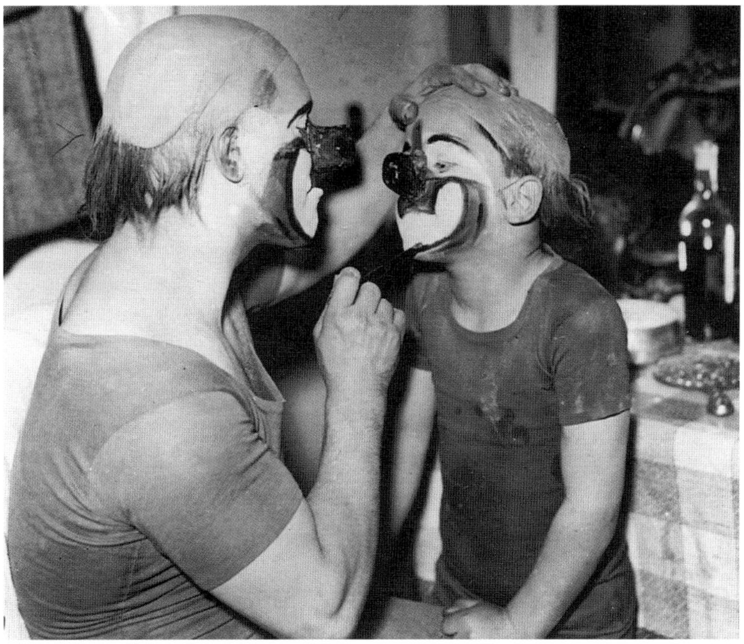

Charlie Rivel mit einem seiner Söhne vor einem gemeinsamen Auftritt

Im März 1935 gastieren die Rivels – Charlie, Polo und René – im Ronacher, und zwar mit jenen Nummern, in denen sie für ungezählte Millionen in vielen Ländern zum Begriff wurden: „Wir bauen eine Brücke" und „Akrobat schööön". Der dieser letztgenannten Szene ihren Namen gebende Ausruf ist übrigens aus einem Mißverständnis heraus entstanden. Charlie Rivel, der zwar Französisch, aber nur sehr wenig Deutsch sprechende Spanier, hatte im Jahre 1927 dem Direktor der

Scala in Berlin einen Auftritt als Clown-Akrobat abgerungen. Sein Partner war jedoch während des Trainings durch eine Verletzung ausgefallen, und Charlie Rivel ging zum Direktor, um ihm mitzuteilen, daß der vorgesehene Akrobatikakt nicht gezeigt werden könne und durch das zum Repertoire gehörende Clown-Entree ersetzt werden müsse. Nach einem heftigen Wortwechsel, in dem der Direktor geschrien hatte: „Scala größte Varieté in Welt ... Clown gut für kleinen Zirkus ..."[17]), gab dieser endlich nach, nachdem Rivel ihm versichert hatte, daß er „Clown-Akrobat" machen werde. „Na schön, gut ja, schön" waren die

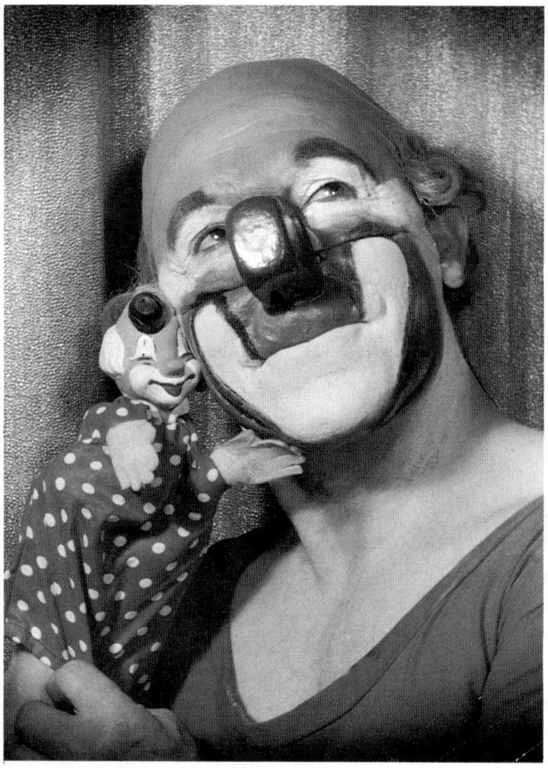

Akrobat schöööön!

Worte des Direktors, und als Charlie am Abend auf die Bühne trat, sagte er „schön", in der Meinung, das Wort bedeute Akrobat. Und fand Spaß daran, dieses Wort immer weiter hinauszuziehen, und je länger dieses „schön" wurde, desto mehr lachte das Publikum. Erst nach der Vorstellung erfuhr er, daß „schön" keinesfalls das deutsche Wort für Akrobat ist.

Im Oktober 1935 tritt die Inderin Koringa mit Pythons und Krokodilen auf. Das Publikum ist ja fast immer von Krokodilen auf eine seltsame Weise fasziniert, insbesondere von der gefährlich lauernden Ruhe, die von diesen Tieren ausgeht. Koringa sieht den Krokodilen starr in die Augen und streicht ein paarmal mit den Händen über sie, worauf die Tiere in ihren Bewegungen innehalten und wie versteinert regungslos liegenbleiben, bis Koringa sie erneut ansieht und mit wenigen Handbewegungen wieder zum Leben erweckt. Die Inderin präsentiert sich aber auch als Fakir und läßt sich beispielsweise mit silbernen Dolchen die Arme und schließlich auch den Hals durchbohren.

Im darauffolgenden Programm verzaubern dann die „Comedian Harmonists"[18]) das Publikum. Das berühmteste Gesangsensemble im Deutschland der zwanziger und dreißiger Jahre mit seinem wunderbar weichen Gesangsstil und der oft witzigen musikalischen Phrasierung lebt ja auf zahlreichen Platten fort, ob in Schlagern wie „Veronika, der Lenz ist da" und „Night and Day" oder auch mit der Barcarole aus „Hoffmanns Erzählungen".

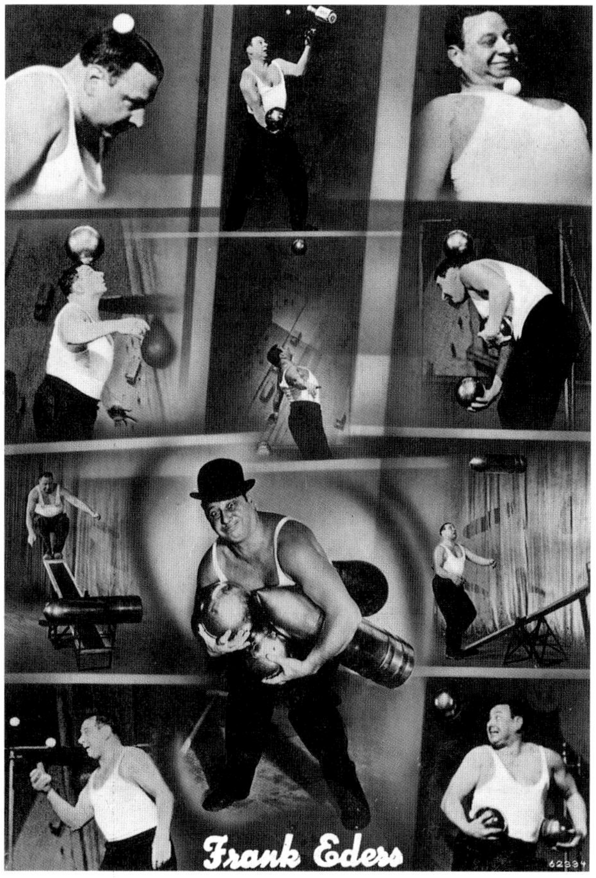

Der Kraftjongleur Frank Eders, „der lachende Herkules"

Frank Eders, „der lachende Herkules", tritt mehrmals auf und jongliert mit Holzhämmern, Metallkugeln, aber auch mit Papierkügelchen und fängt u. a. eine in die Luft geworfene 40 kg schwere Stahlkugel mit dem Brustkorb auf.

Im Jänner 1937 agieren Armin Berg und Max Brod[19]) in dem Sketch „Woran krankt die Wirtschaft!". Im Jänner 1937 gastiert schließlich auch Jack Hylton mit seinem Jazzorchester, das 30 Solisten (darunter auch 5 Sänger und Sängerinnen – die „Aristocrats of Harmony") umfaßt, im Ronacher. Das Programm enthält so bekannte Titel wie „Tiger Rag", „China Town" oder „Sweet Sue", aber etwa auch „Wien, Wien, nur du allein" und die „Rhapsody in Blue".

Hören wir heute Jack Hylton, dessen Musik ebenfalls auf Schallplatte überliefert ist, dann präsentiert sich uns ein herrlich swingendes

Hinreißend swingenden Jazz bot das Orchester Jack Hylton im Jänner 1937 im Ronacher.

Tanzorchester mit einem wunderbar weichen Saxophon-Chorus, mit viel Einsatz von gedämpften Trompeten, mit Streicherpassagen, dunklen Klarinetten-Lyrismen, aber auch virtuosen Soli auf Trompete und Posaune und dem distinguierten angelsächsischen Filmschlagergesang der dreißiger Jahre.

Das Februarprogramm 1937 bringt wiederum eine Weltsensation, nämlich die „Fliegenden Menschen 3 Codonas", ein Name, der für viele Jahre für Millionen von Menschen zum Begriff wurde. In zahlreichen Büchern ist ihr Schicksalsweg – manchmal nicht ohne romantische Verbrämung – aufgezeichnet: der Werdegang der Truppe, die aus Lalo und Alfredo Codona und Vera Bruce bestand und triumphale Erfolge feierte, die Liebe Alfredos zur zierlichen Trapezkünstlerin Lillian Leitzel, die 1931 zu Tode stürzte, und wie Alfredo Codona im Büro seines

Rechtsanwaltes seine zweite Frau Vera Bruce und anschließend sich selbst erschoß.[20]) Als die legendäre Truppe in Wien gastierte, war von den ursprünglichen Codonas nur mehr Lalo Codona dabei, der mit zwei anderen Partnern arbeitete. Arthur Maria Rabenalt hat 1940 den auch heute noch fallweise gespielten Film „Die 3 Codonas" gedreht, als Erinnerung an die berühmten mexikanischen Artisten, die erstmals in Europa den dreifachen Salto vom schwingenden Trapez in die Hände des Partners zeigten.

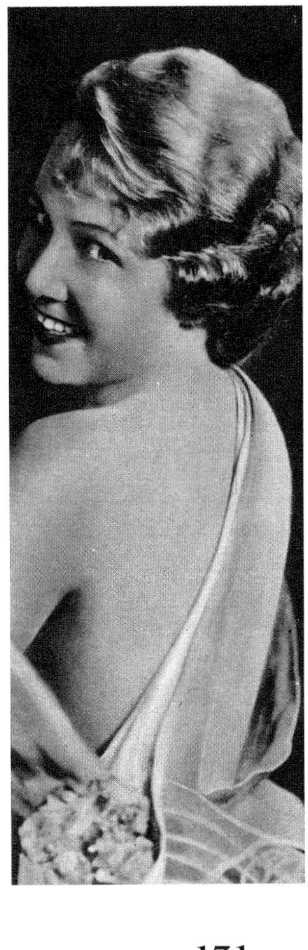

Im November 1937 übernahm Wilhelm Gyimes, der langjährige Direktor der Revuebühne Femina, die Leitung des Ronachers. Er brachte nun auch hier Revuen heraus, wobei in die einzelnen Bilder artistische Darbietungen eingefügt wurden.

„Gaukler sind da" heißt eine dieser Revuen, und sie stammt von Wilhelm Gyimes und Hugo Wiener, der ja ebenfalls jahrelanger Hausautor der Femina war. In dieser Revue tritt auch Charlie Rivel auf, u. a. wieder mit seiner Szene „Akrobat schöön". Die ursprüngliche Rivelsche „Brücke" war zum damaligen Zeitpunkt allerdings bereits eingestürzt, Charlie und seine Brüder hatten sich in einem Schlagzeilen machenden Rechtsstreit 1935 getrennt. Im Programm wirken jedoch Rivels Kinder Paulina, Charlie jun., Juanito und Valentino mit.

Oben: Die „Drei Codonas", die berühmtesten „Fliegenden Menschen" aller Zeiten
Rechts: Lillian Leitzel, die „Königin der Luft". Sie war die erste Frau Alfredo Codonas und verunglückte 1931 in Kopenhagen tödlich.

Mit seiner Glatze und dem roten Haarkranz, der roten eckigen Nase und der weißgeschminkten Wangen- und Kinnpartie, dem langen roten Hemd und den übergroßen Schuhen ist Charlie Rivel zur unverwechselbaren Gestalt geworden. Bilder aus den dreißiger Jahren zeigen uns seine Kinder, die wie Miniaturausgaben des berühmten Papas hinter ihm hertänzeln und sich über ihn lustig machen, indem sie ihn nachäffen.

Die Kabarettistin und Charakterdarstellerin Gisela Werbezirk, hier gemeinsam mit Leo Slezak

Auch Szöke Szakall, der berühmte Filmkomiker, der mit seinem imposanten Kopf wie eine Mischung aus einem Schiffsarzt und einem Businessman aussieht, ist im Programm und tritt in seinem damals ungemein populären Sketch „Streichquartett" auf. Szakall, der in der Silvestervorstellung in der Oper 1937 den Frosch in der „Fledermaus" gespielt hatte, treffen wir auch im Jänner 1938 im Haus an der Seilerstätte, diesmal in der Varietérevue „Chauffeur ins Ronacher", die natürlich wiederum von dem Duo Wilhelm Gyimes und Hugo Wiener stammt.

Inzwischen überstürzen sich die politischen Ereignisse: Am 12. Februar 1938 findet die Begegnung Hitlers mit Bundeskanzler Kurt von Schuschnigg auf dem Obersalzberg statt, am 24. Februar hält Schuschnigg seine leidenschaftliche Rede im Parlament, die unbeschreiblichen Jubel auslöst und mit den Worten endet: „Rot-Weiß-Rot bis in den Tod!" Bald darauf kommt es zu Unruhen, zu blutigen Zusammenstößen und zur Demolierung von jüdischen Geschäften durch die Nazis. Am 11. März erfüllt Schuschnigg das erpresserische

Das Direktionsbüro
Oben: Bernhard Labriola (1890–1960) war dreimal Direktor des Ronachers.

deutsche Ultimatum, das bei Nichtabsetzung der angekündigten Volksabstimmung den Einmarsch der Deutschen Wehrmacht androht. Am Abend dieses Tages hält Schuschnigg dann seine Abschiedsrede. Sie schließt mit den Worten: „Gott schütze Österreich!"

Anmerkungen:

1) Siehe Peter Kreuder, Nur Puppen haben keine Tränen, S. 144 ff.
2) So spielte damals Georg Haentzschel, der spätere Chef des deutschen Tanz- und Unterhaltungsorchesters, den Klavierpart.
3) Siehe Programmheft Ronacher vom April 1931
4) Programmheft Ronacher, Mai 1931
5) Siehe Helga Ihlau, Das Ronacher als Varietétheater, S. 118 ff.
6) Siehe Hugo Wiener, Zeitensprünge, S. 115 ff.
7) Programmheft Ronacher, Jänner 1932
8) Siehe insbesondere: Josephine Baker, Ausgerechnet Bananen, S. 98, Phyllis Rose, Josephine Baker, S. 180 ff., ferner Schwarz auf Weiß. Broschüre zur Ausstellung des österreichischen Theatermuseums (Sept. 1980), Gerhard Eberstaller, Der Negerskandal in Wien. In: Österreichische Theaterzeitung, Jg. 1988, Heft 1, S. 40 ff.
9) Oskar Maurus Fontana, Wiener Schauspieler von Mitterwurzer bis Maria Eis, S. 178
10) Programmheft Ronacher, März 1933
11) Mistinguett, Mein ganzes Leben, S. 217
12) Siehe ebda., S. 215
13) Siehe Hubert Bücken, Die Jahre bis zum Ende, Teil II von Erik Jan Hanussen, Meine Lebenslinie, S. 323 ff.
14) Vgl. Egon Jameson, Am Flügel: Rudolf Nelson
15) Karl Krall und sein Orchester bestritten damals die musikalische Begleitung im Ronacher.
16) Tonfilm, Theater, Tanz. 1. Jahrgang (1933), Heft 11, S. 5
17) Charlie Rivel, Akrobat schööн, S. 144
18) Über ihr Auftrittsverbot im Dritten Reich, die Teilung zwischen „Ariern" und Juden bzw. die beiden Nachfolgegruppen „Meistersextett" und das Wiener Ensemble „Comedian Harmonists" siehe Eberhard Fechner, Die Comedian Harmonists
19) Es handelt sich um den bekannten Kabarettisten Max Brod – nicht ident mit dem Schriftsteller und Freund Kafkas.
20) Ursache dafür war die bevorstehende endgültige Trennung des Paares.

XI. Anschluß und Kriegsjahre

Der Magier Rolf Hansen (1885–1959)

Am 12. März 1938 konnte man in Radio Wien bereits knapp nach Mitternacht das Deutschland-Lied und das Horst-Wessel-Lied hören. In der Morgendämmerung überschritten die ersten Truppen der Deutschen Wehrmacht von Bayern aus die österreichische Grenze. Schneller als die deutschen Truppen waren Heinrich Himmler, der Reichsführer der SS und Chef der deutschen Polizei, sowie Reinhard Heydrich, der Leiter des Sicherheitsdienstes, in Wien eingetroffen – schon um 5 Uhr früh landete ihr Flugzeug in Aspern. Eine erste Verhaftungswelle setzte ein.

Bereits am nächsten Tag ließ Hitler das „Gesetz über die Wiedervereinigung Österreichs mit dem Deutschen Reich" ausarbeiten. Die Maßnahmen zur völligen Gleichschaltung von Presse, Bundesheer und Exekutive hatten bereits am Tage des Einmarsches begonnen.

Der begeisterte Jubel der Massen, die die einmarschierenden deutschen Truppen stürmisch begrüßten, die organisierten Aufmärsche und Fackelzüge und die gewaltige Menschenmenge auf dem Wiener Heldenplatz, wo Hitler am 15. März vom Balkon der Hofburg aus den „Eintritt" seiner Heimat in das Deutsche Reich verkündete, verdeckten nicht ganz das Schweigen jener, die nicht voll Euphorie oder vor Neugierde auf die Straße gingen. Hinter einer Fassade kurzsichtiger Erlösungshysterie begann sich das Grauen breitzumachen.

Schon unmittelbar nach der Abschiedsrede Schuschniggs am 11. März 1938 hatte ein gewaltiger Flüchtlingsstrom an die Grenzen der Nachbarländer, vor allem der Tschechoslowakei, eingesetzt, von Juden, aber auch von Personen, die sich gegen die Nazis exponiert hatten oder sie ablehnten. Auch etliche Repräsentanten des Cabarets und Varietés befanden sich unter den Flüchtlingen wie Armin Berg, Karl Farkas oder Wilhelm Gyimes, denen die Flucht gelang. Anderen wie etwa Fritz Grünbaum gelang dies nicht. Er wurde auf dem Weg in die Tschechoslowakei verhaftet und nach Wien zurücktransportiert, und der „Völkische Beobachter" konnte in seinem widerwärtigen Zynismus melden: „Den Grünbaum haben wir."[1])

Im Ronacher spielte man vom 1. bis 30. April die Varietérevue „Die gute alte Zeit", an sich noch eine Gyimes-Revue, die jetzt unter Weglassung der Autorennamen über die Bühne des Hauses ging, das nun, wie es im Programmheft vermerkt ist, unter der „arischen Leitung" von Ferry Micheler stand. „Die gute alte Zeit", die in opulenten Revuebildern an die Jahre von 1890 bis zum Ausbruch des Ersten Weltkriegs erinnerte, mochte zwar als Titel wie Hohn klingen, paßte aber durchaus in das nationalsozialistische Unterhaltungskonzept, das ja immer wieder die österreichische Vergangenheit mehr oder weniger klischiert dem Motto „Kraft durch Freude" dienstbar machte. Unter den mitwirkenden Schauspielern befand sich auch der unverwüstliche Richard Waldemar, der u. a. in dem auf der Bühne nachgestellten Stummfilm „Schuld und Sühne oder Die Macht des Kindes" die Rolle des Erklärers spielte. Unter den artistischen Darbietungen figurierten die bekannten Wiener Clowns „3 Coletti", die in dem Bild „Zirkus 1900" auftraten.

Die steppenden und singenden Lentini Brothers (ursprünglich „Fratelli Sereno") waren Entertainer im besten Sinne des Wortes.

Sieht man davon ab, daß das Varieté, wie überhaupt das ganze Kulturleben, vor allem ab dem Beginn des Zweiten Weltkrieges von internationalen Verbindungen weitgehend abgeschnitten war und zahlreiche einheimische Künstler aus rassischen Gründen nicht auf-

die Donau nur ein kleines Wasserl", der Bauerntango „Ein rotes Lebzeltherz" oder die „Reblaus", unvergeßlich geworden durch die großartige Interpretation Hans Mosers.

Das „Boheme-Quartett", auch die „Wiener Revellers"[2]) genannt, findet sich ein, das beliebte Schlagergesangsquartett mit Josef Drexler, ihrem Begleiter am Flügel, als fünften im Verbande. Heinz Sandauer, durch mehrere Jahrzehnte für die österreichischen Radiohörer vor allem als brillanter und kultivierter Pianist der leichteren Muse zum Begriff geworden, ist zusammen mit dem Ronacher-Orchester in einer eigenen Bühnenschau vertreten.

Natürlich stoßen wir auch auf eine Reihe von Jongleuren, darunter so internationale Zelebritäten wie etwa Béla Kremo, den eleganten „Drei-Sachen-Jongleur", der mit drei kleinen Bällen, drei Zylinderhüten oder drei Zigarrenkisten verblüffende Kunststücke vollführte. Oder auf Francis Brunn mit seiner markanten Adlernase und den scharf geschnittenen Zügen, der eine neue Balltechnik entwickelt hatte – er jonglierte als erster mit 8 Reifen bei gleichzeitiger Kopfbalance und drehenden Fußreifen. Später wurde er auch durch seine Verbindung von Jongleurie und Flamenco international bekannt.

Allan, Kartenkünstler und Spiritistenentlarver

Und es finden sich – wie könnte es auch anders sein – auch immer wieder Magier ein. Etwa Valentino Graziadei, der „König der Kartenkünstler", der über eine virtuose Fertigkeit in der Manipulation verfügte und mit bravouröser Vollendung das Stechen einer Karte mit einem Messer bei verbundenen Augen beherrschte. Oder Raffaelo Chefalo mit seiner großen prunkvollen Zauberschau mit Liliputanern und Riesen.

Eine Sensation bedeutete zweifellos das Auftreten von Hans Röhrl, dem „lebenden Hydranten". Röhrl, ein sogenanntes „lebendes Aquarium", vermochte etliche Kübel Wasser zu trinken und dieses Wasser dann in einer 6 m langen und 4 m breiten Fontäne aus seinem Mund wieder herausschießen zu lassen. Ein anderes Kunststück des Artisten bestand in der blitzschnellen Löschung einer Feuersäule.

Die „Fratelli Sereno", die dann später als „Lentini Brothers" firmierten, treten auf und kommen im Laufe der Jahre immer wieder an das Ronacher. Die beiden eleganten Herren – in weißen Anzügen und mit weißen Hüten – singen und steppen exzellent, u. a. auch auf einer langen Treppe. Bemerkenswert ist, daß sie im Programm vom Mai 1940 gemeinsam mit dem Orchester auf Klarinetten den St. Louis Blues spielten, eine in der Nazizeit bekanntlich verbotene Musik, wenngleich amerikanische Unterhaltungsfilme damals noch gezeigt werden durften. Möglicherweise hatte hier Bernhard Labriola, der zwar Mitglied der NSDAP und diverser nationalsozialistischer Vereinigungen, seinem Wesen nach aber ein liberaler Kosmopolit war, seine Hand schützend darübergehalten.

Oskar Fischers Elefantenrevue

Die 25 Alberti-Mädel mit ihrer amüsanten Musik-, Gesang- und Tanzschau, das Marionetten-Theater der namhaften Münchner Schaustellerfamilie Schichtl, die bekannte Trapezkünstlerin Nina Karpova und viele Dutzende von anderen Nummern präsentierten sich in einem überaus bunten Panorama der Artistik. Aber es fehlten auch nicht die gefiederten und die vierbeinigen Artisten.

Wer früher einmal vormittags in der Gegend zwischen Weihburggasse und dem Ring herumwanderte, dem konnte es passieren, daß ihm auf der Straße ein paar Elefanten begegneten, die zu ihrem täglichen Rundgang ausgeführt wurden. Elefanten oder auch nur ein Elefant waren im Haus an der Seilerstätte zu wiederholten Malen im Programm. War dies der Fall, dann waren die Elefanten in ihrer Behausung auf der Rückseite des Gebäudes manchmal auch von außen zu sehen. In einem unhörbaren Takt schwenkten sie ihre Köpfe und ihre Rüssel sanft hin und her.

ROCASIMI (der Tierlehrer Hans Lange) mit seinen Clownlöwen

1940 sind Oscar Fischers Elefanten an das Ronacher engagiert. Die vier Dickhäuter, die auch im Circus Carl Hagenbeck im Renzgebäude und im Circus Rebernigg auftraten, müssen erst an die Arbeit auf der Bühne gewöhnt werden, die sich von der in der Manege vor allem hinsichtlich des Platzes und Abstandes unterscheidet. Als sich damals einer der Elefanten bei der Probe verunsichert fühlte, begann er sogleich auf das heftigste zu trompeten.

Der Wiener Schulreiter Franz Ackerl setzt die Tradition der Reitkunstvorführungen mit seinen beiden Lipizzanern, den beiden Hengsten Siglavy Silvester und Conversano Diego, fort. Im weißen Frack und weißem Zylinder zeigt er die „Klassische Hohe Schule" und besticht durch eine wundervolle Symbiose von Strenge und Gelöstheit, durch eine Dressurkunst, bei der die Pferde bisweilen über dem Boden zu schweben scheinen.

Die „Zwei Schajos" präsentieren ihre drei dressierten „Wunderraben", die mit großem Geschick Bälle fangen, Blumen in Vasen stecken, Seil laufen und „Ehrenrunden" über dem Publikum fliegen.

Und es kommt ROCASIMI mit seinen Clownlöwen. Das ist in Wirklichkeit der Wiener Tierlehrer Hans Lange, der seinen Namen aus den Anfangsbuchstaben seiner vier prächtigen Berberlöwen bildete: Romeo, Caesar, Simba und Michel.

Ernst Arnold, der bereits 1919 im Ronacher zum ersten Male auftrat, ist auch in der Zeitspanne zwischen 1938 und 1944 als Conférencier und als Interpret seiner eigenen Lieder mehrmals an das Haus engagiert. Über 800 Kompositionen sind aus seiner Feder geflossen, zu vielen hat er auch den Text verfaßt oder mitverfaßt. Etliche sind ja zu richtigen Schlagern geworden wie z. B.: „Da draußen in der Wachau", „Wenn dich die Menschen auch kränken" oder „Wenn der Herrgott net will". In einem Zeitungsinterview im Jahre 1941[3]) erzählt Arnold über seine Auftritte im „Altreich": „Besonders wenn ich vor Soldaten gesungen habe, hat es einen Riesenerfolg gegeben, und oft sind die Leute nach der Vorstellung noch sitzengeblieben und haben geglaubt, es muß so weitergehen."[4])

Als Conférencier gerät der Regimegegner Arnold freilich ob seiner freizügigen Bemerkungen wiederholt in Schwierigkeiten mit der Gestapo, auch dann, als „von oben" angeordnet wird, daß Conférenciers nur mehr anzusagen (und nichts weiter) hätten. Arnold stellte nun die einzelnen Darbietungen vor und fügte zur Belustigung des Publikums an: „Mehr darf ich nicht sagen." Und als es darob neuerlich Schwierigkeiten gab, modifizierte er seine Conférence dahingehend, daß er nach der Ankündigung der einzelnen Nummern hinzufügte: „Mehr habe ich nicht zu sagen."

Aus den Programmheften – soweit sie sich auf die Darbietungen beziehen – wäre im wesentlichen nicht ersichtlich, daß es sich um Varieté in der Nazizeit handelt. Mit zwei Ausnahmen: Erstens wurde vorgeschrieben, daß in den Varieté- und Circusprogrammen die jeweilige Staatsangehörigkeit der Auftretenden anzuführen ist. Und zweitens weisen wiederholt musikalische Piecen am Anfang oder Ende des Programmes oder auch nach der Pause sehr deutlich darauf hin, in welcher Zeit man sich befindet. So spielte das lange im Ronacher wirkende Orchester Othmar Rauscher etwa die Märsche „Gruß an Obersalzberg" von Georg Freundorfer, „Germanentreue" und „Deutschlands Waffenehre" von H. L. Blanken-

Ernst Arnold (1890–1962), Bruder von Fritz Imhoff, sang im Ronacher eigene Lieder, trat aber auch als Conférencier auf.

burg, „Kameraden auf See" von Robert Küssel oder „Wir Flieger sind die Herren der Welt" von Heinrich Strecker.

Im Juli 1944 gastierte dann noch einmal Charlie Rivel im Ronacher, der nun auch von zahlreichen Kinoplakaten herunterwinkte. Der Film „Akrobat schö-ö-ön" – Regie und Buch Wolfgang Staudte – kam 1943 heraus. Am 25. Juli 1944 wurde Hitlers Propagandaminister Goebbels zum „Generalbevollmächtigten für den totalen Kriegseinsatz" ernannt. Immer mehr Einschränkungen wurden angeordnet, dazu gehörte auch die im August verfügte und ab 1. September 1944 in Kraft tretende totale Sperre aller Theater und Vergnügungsstätten (wobei es nur ganz geringfügige Ausnahmen gab). Im Inferno des totalen Krieges, der nun über das Dritte Reich hereinbrach, mußte auch das Ronacher seine Pforten schließen.

Schon vorher war es immer wieder zu Unterbrechungen der Vorstellungen durch Fliegerangriffe gekommen, so daß die Besucher ihre Garderobe vielfach gar nicht mehr abgaben, sondern sie gleich in den Theatersaal mitnahmen.

Der erste Angriff der Alliierten gegen ein österreichisches Ziel wird am 13. August 1943 geflogen und gilt den Flugzeugwerken in Wiener Neustadt, das schließlich nach wiederholten Bombardements die meistzerstörte Stadt Österreichs ist. In Wien, wo der Zerstörungsgrad durch die Luftangriffe der Alliierten schließlich bei rund 30 Prozent liegt, vernimmt man nun aus dem Radio immer öfter den „Kuckuck". Zwischen den sich wiederholenden Kuckucksrufen wird der Anflug von feindlichen Flugzeugen bekanntgegeben. Und bald darauf ertönt der schaurig anzuhörende Sirenenton des Fliegeralarms.

Hans Röhrl, ein sogenanntes „lebendes Aquarium“

Die schwersten Luftangriffe der Alliierten werden knapp vor Kriegsende, im März und April 1945 geflogen. Ein schwerer Bombenteppich in Wien geht hierbei auch auf den Zentralfriedhof nieder, so daß der Beerdigungsbetrieb eingestellt werden muß. Da die Transportmittel nicht ausreichen, die Leichen auf die Friedhöfe zu schaffen, werden sie in den Straßenbahnremisen gesammelt und in der Nacht zu den Friedhöfen gebracht, um in Massengräbern beigesetzt zu werden.

Im März und April 1945 sind bereits Hunderttausende von Menschen auf der großen Rückzugsstraße von Osten her, wo sich die Front der österreichischen Grenze nähert, nach dem Westen unterwegs. Evakuierte aus Kriegsgefangenenlagern, ein Großteil der von den Deutschen entwaffneten ungarischen Armee, verwundete deutsche Soldaten. In scheinbar endlosen Wagenkolonnen ziehen hoch bepackt die Frauen der deutschsprachigen Bauern mit ihren Kindern und oft greisen Eltern, Schwiegereltern, Großeltern aus Siebenbürgen, aus Ungarn, aus der Slowakei und aus Jugoslawien des Weges.

Am 29. März 1945 erreicht die Rote Armee die österreichische Grenze. Die Flieger der sowjetischen Luftwaffe werfen Flugblätter ab, die mit den Worten beginnen „Die Stunde der Befreiung Österreichs vom deutsch-faschistischen Joch ist da!". In Wien, das zum Verteidigungsbereich erklärt worden ist, wird das Standrecht verhängt und von den Nazis eine beispiellose Terrorjustiz ausgeübt.

Als die Sowjets in Wien eindringen, kommt es in den Straßen der Stadt zu harten Kämpfen, vor allem auch zu Panzer- und Artillerieduellen. Fast alle Brücken werden gesprengt, zahllose Häuser stehen in Flammen, auf den Straßen liegen Leichen und Pferdekadaver.

Am 13. April 1945 ist die Einnahme der Stadt durch die Truppen der Roten Armee beendet. Und so gilt auch dieser 13. April als Tag der Befreiung Wiens, das nach fast zwei Jahren Luftbombardements und den Straßenkämpfen der letzten Tage schwer gezeichnet ist. Seine Wahrzeichen tragen die Merkmale der Zerstörung. Der Stephansdom ist ausgebrannt und sein Dach eingestürzt, ein Teil seiner Mauern zerschossen und der Turm schwer beschädigt. Im Prater ist fast alles eingeäschert, nur das Skelett des Riesenrades ragt als Memento heraus.

Der Wiener Schulreiter Franz Ackerl bei einer Dressurvorführung

Anmerkungen:

[1]) Siehe Hans Veigl, Lachen im Keller, S. 196 ff.

[2]) „The Revellers" waren eine amerikanische Gesangsgruppe, die den Sound der modernen amerikanischen Unterhaltungsmusik nach dem Ersten Weltkrieg in Vokalmusik umsetzte; sie waren auch das Vorbild der „Comedian Harmonists".

[3]) Wiener Montagsblatt, 20. Oktober 1941

[4]) Wiener Montagsblatt, ebda.

XII. Burgtheater im Exil

Käthe Dorsch (1890–1957)
als Gabriele in Schnitzlers „Weihnachtseinkäufe", Ronacher 1946

Bereits 14 Tage nach der Befreiung Wiens durch die Rote Armee, am 27. April 1945, wird im Parlament die Wiederherstellung der demokratischen Republik Österreich proklamiert, Staatskanzler der provisorischen Regierung ist Karl Renner. In jenen 14 Tagen hatten sich auch die drei wichtigsten politischen Parteien, die Österreichische Volkspartei, die Sozialistische Partei und die Kommunistische Partei, formiert und sich über die Regierungszusammensetzung im Drittelproporz geeinigt.

In der ersten Zeit des wiedererstandenen Österreich sind die Menschen auf der Straße fast ständig auf der Suche nach Nahrungsmitteln. Fast überall, wo irgend etwas in den Geschäften, deren Schaufenster oft mit Brettern vernagelt sind, angeboten wird, bilden sich lange Schlangen, und sei es auch nur, um irgendeine Kleinigkeit zu erstehen. Zum Hunger kommt die Unsicherheit durch marodierende Soldaten, aber auch allerlei dunkle Elemente, die sich mitunter selbst willkürlich als Polizisten eingesetzt haben. Zum Wegräumen des Schutts sind jedoch alle aufgerufen, und so greifen denn auch viele zur Schaufel, klopfen Ziegel ab und führen Mist weg. Ehemalige einfache Mitglieder der NSDAP werden zum Schutträumen zwangsweise eingesetzt.

Unter den freiwilligen Schutträumern finden sich auch Politiker und Künstler, und unter ihnen nicht zuletzt Schauspieler, die nach anstrengenden Stunden der Straßenarbeit dann noch auf der Bühne stehen. Denn noch im April 1945 wird in Wien wieder Theater gespielt. Nachdem am 27. April im Konzerthaus ein erstes Philharmonisches Konzert unter Clemens Krauss stattgefunden hat, beginnt am 30. April das Ensemble des Burgtheaters mit den Aufführungen.

Schon kurze Zeit nach der Einnahme Wiens durch die Rote Armee versammelten sich die in Wien anwesenden Mitglieder des Burgtheaters im Konversationszimmer des weitgehend zerstörten Hauses. Lothar Müthel legte sein Amt als Direktor des Burgtheaters zurück, bat aber die Kollegen, weiterhin mit ihnen arbeiten zu dürfen, was ihm gerne zugestanden wurde. Zum Direktor wurde Raoul Aslan gewählt, welche Wahl sowohl von der russischen Besatzungsmacht als auch vom offiziellen Vertreter der provisorischen österreichischen Regierung, Staatssekretär Ernst Fischer, bestätigt wurde. Zum Chefdramaturgen wurde Erhard Buschbeck bestellt.

Nun gab es also ein Ensemble, eine Direktion, und es gab einen Auftrag der Russen, am Vorabend des 1. Mai wieder zu spielen. Die Frage war nur, wo? Nach kurzen Überlegungen entschied man sich für das weitgehend unversehrt gebliebene Ronacher, gegen das zwar das Fehlen von Probenräumen und die geringen Beleuchtungsmöglichkeiten, für das aber im besonderen sein verhältnismäßig großer Fassungsraum und die zentrale Lage sprachen.

Die Stückwahl für die Wiedereröffnung fiel auf Grillparzers „Sappho", wobei es sich um eine Wiederaufnahme handelte – die eigentliche Premiere hatte im Haus am Ring im August 1943 stattgefunden. Da die seinerzeitige Ausstattung von Brandbomben vernichtet worden war, spielte man in einer vom Bühnenbildner Fritz Judtmann geschaffenen stilisierten Dekoration vor einem schwarzen Samtvorhang. Die Sappho gab Maria Eis, den Phaon Tonio Riedl, der die Rolle noch nie gespielt und sie innerhalb einer Woche gelernt hatte.

Über jene Premiere vom 30. April haben etliche Autoren berichtet, vor allem wie 10 Minuten nach Beginn der Aufführung der Vorhang langsam wieder herunterging. Marschall Tolbuchin war mit Verspätung gekommen, und so wurde noch einmal von vorne begonnen. General Blagodatow, erster Militärkommandant von Wien, der ebenfalls der Vorstellung beiwohnte, war ob seiner ordensübersäten Brust für den Marschall gehalten worden, so daß man vermeinte, anfangen zu können.

Der Beginn der Aufführung war für den Nachmittag angesetzt, denn ab 20 Uhr begann die nächtliche Ausgangssperre. Und bis dahin mußte das Publikum ja – im wesentlichen zu Fuß – nach Hause gekommen sein.

Vor der Aufführung dankte Viktor Matejka, Wiener Stadtrat für Kultur und als solcher von enormer Initiative, der Roten Armee als der Befreierin Wiens und all denen, die mitgeholfen hatten, das Burgtheater in so kurzer Zeit an neuer Stelle wieder aufleben zu lassen. Anschließend hielt Raoul Aslan eine Ansprache, in der er ausführte: „Das Burgtheater tritt heute in einem neuen Rahmen vor Sie. Das alte Haus am Ring weist schwere äußerliche und innere Wunden auf und wird längere Zeit nicht bespielbar sein. So schmerzlich dies für uns alle auch ist, müssen wir uns doch vor Augen halten, daß der Weltruhm des Burgtheaters, lange bevor es in jenes ‚Haus' gezogen ist, schon bestanden hat und daß es daher unsere vordringlichste Aufgabe ist, den Verpflichtungen seines alten Ruhmes nachzukommen, selbst wenn dies unter rein äußerlich veränderten Umständen geschieht." Und Aslan sprach vom Burgtheater als Idee, die sich in seinen Künstlern und auch in seinem Publikum verkörpere und fuhr fort: „An der Stätte, wo vor über 70 Jahren der große Burgtheaterdirektor Heinrich Laube das Wiener Stadttheater gegründet hat, ... wird das Burgtheater für die nächste Zeit seine Stätte des Wirkens aufschlagen."

O. M. Fontana überschrieb im „Neuen Österreich" seine Kritik dazu mit „Verkündigung der Menschlichkeit" und führte einleitend aus, daß nicht nur das Burgtheater, sondern auch die Theaterkritik wieder beginne, die als eine der ersten Kulturmaßnahmen des Dritten Reiches abgeschafft und durch die Kunstbetrachtung ersetzt worden sei, „... eine der dümmsten Maßnahmen des sonst um infernalische Abgefeimtheiten und Schliche so gar nicht verlegenen Goebbels."[1])

Trotz der vielen Schwierigkeiten, wie der Sorge um den Strom, um Brennstoffe und um Transportmittel, um erhalten gebliebene Dekorationen und Requisiten ins Theater zu bringen, kam es bereits am 5. Mai zur nächsten Einstudierung, nämlich Nestroys „Das Mädl aus der Vorstadt", der Wiederaufnahme einer Inszenierung aus dem Jahr 1941.

Unter der Regie von Philipp Zeska, mit Bühnenbildern und Kostümen von Fritz Judtmann und der musikalischen Einrichtung von Alexander Steinbrecher spielte Richard Eybner den Kauz, Alma Seidler gab die Frau von Erbsenstein, Philipp Zeska den Herrn von Gigl und Paul Hörbiger den Schnoferl. Hörbiger hatte, als er im erwähnten ersten Philharmonischen Konzert in einer oberen Loge mit kahlgeschorenem Kopf erschienen war, begeisterte Ovationen erhalten, war er doch von den Nazis wegen Unterstützung einer Widerstandsgruppe zum Tode verurteilt, aber dank der Gefängnisleitung im letzten Moment auf freien Fuß gesetzt worden. Nun wurde er auch vom Burgtheaterpublikum stürmisch bejubelt. Ein Jubel, der sowohl dem Erretteten selbst als auch der Urkomödiantik seines Spiels galt.

Die erste echte Premiere war Hofmannsthals „Jedermann" am 13. Juni 1945 in der Regie von Lothar Müthel mit Raoul Aslan als Jedermann, Ewald Balser als Tod, Stefan Skodler als gutem Gesellen, Hermann Wawra als Teufel und Maria Eis als Buhlschaft.

Am 28. April 1945 hatten die Amerikaner die österreichische Grenze überschritten, einen Tag später die Franzosen und am 7. Mai die Briten, am 8. Mai hatte Deutschland kapituliert.

Im August 1945 kommen die Westalliierten nach Wien, am 23. August treten die vier Oberbefehlshaber zu einer ersten gemeinsamen Arbeitssitzung zusammen. Am 1. September übernehmen sodann die Truppen der vier Besatzungsmächte unter den Hochkommissaren ihre Zonen in Wien. Die Innere Stadt wird hierbei entsprechend der Übereinkunft zwischen den Westalliierten und den Sowjets zu einem interalliierten Sektor erklärt, eine sehr kluge Maßnahme, die viel zur Sicherheit und Stabilisierung der Verhältnisse beigetragen hat.

„Wien ist jetzt eingeteilt in 4 Zonen", konnte etwas später Ernst Arnold singen, der wie viele andere österreichische Schauspieler, Sänger, Kabarettisten etc. in zahlreichen Varieté- und Kabarettveranstaltungen, im besonderen auch bei den damals so beliebten „Bunten Abenden" auftrat, wie sie etwa im Konzerthaus, in den Sophiensälen, aber auch in verschiedenen Lichtspieltheatern veranstaltet wurden. Die Abstecher prominenter Schauspieler ins Varieté lagen ja in der österreichischen Tradition, so wenn etwa Paul Hörbiger das Fiakerlied sang oder Hans Moser seine Dienstmannszene spielte. Viele Hauswände, oft nur mehr als Bombenruinen vorhanden, hinter denen sich Berge von Schutt und Müll häuften, waren beklebt mit bunten Anschlagzetteln, die für diese populären Veranstaltungen warben.

Zu den allmählich recht zahlreich existierenden Varietés zählte auch der Kursalon im Stadtpark, der ab Herbst des Jahres monatlich wechselnde Programme bot, wobei der seinerzeitige Ronacherkapellmeister Othmar Rauscher mit seinem Orchester die musikalische Untermalung beisteuerte.

Kehren wir aber kurz noch in den Sommer 1945 zurück. Im August hatte Direktor Aslan eine Pressekonferenz abgehalten, in der er über das Repertoire, im besonderen aber auch über die Schwierigkeiten sprach, in zwei Häusern zu spielen[2]), wenn Werkstätten und Garderoben vernichtet sind, wenn wichtige Hilfskräfte fehlen, wenn weder Telefone noch Autos zur Verfügung stehen, ganz abgesehen von den technischen Problemen, die das Spielen auf einer Varietébühne mit sich brachte. In einem Gespräch mit dem „Kleinen Volksblatt" erklärte der Bühnenbildner Fritz Judtmann: „Wie soll man überhaupt eine Ausstattung schaffen, die kritischen Blicken standhält? ... Wenn Kisten mit wichtigen Teilen des Kostümfundus, die der Brand verschont hatte, wegen eines Rohrbruchs im Keller des Burgtheaters unter Wasser standen, wenn im ‚Kaisergang', der die wertvollsten Teile der Einrichtung enthalten hatte, nur noch Aschenreste zu finden waren, wenn die Waffensammlung seit dem Bombenangriff vom 12. März unter der Hinterbühne verschüttet lag, wenn die Perücken- und Hutsammlung vernichtet waren ..."[3])

Glücklicherweise war das Dekorationsmagazin in der Dreihufeisengasse mit einem Artillerietreffer im Dach davongekommen, doch der Kostümfundus hatte schwerste Verluste erlitten. Vom Interviewer gefragt, wie es denn möglich gewesen sei, den erheblichen Kostümaufwand im „Jedermann" zu bewältigen, erzählte Judtmann, wie man alte, nicht mehr gebrauchte Kostüme zertrennt und aus ihnen neue gemacht hatte. Im übrigen aber stellte auch das Publikum dem Burgtheater Kleider und Stoffe zur Verfügung, und gewiß bewahrt wohl auch heute noch so manche Familie die Briefe mit dem Dank Aslans auf. Judtmann sprach auch über die vielen technischen Probleme, da das Varieté ja viel einfacheren Forderungen zu genügen hatte. Es fehlten der Souffleurkasten, die Zwischenaktvorhänge, und letztlich war die Bühne des Ronachers nur 10 Meter tief gegenüber 25 Metern im Burgtheater.

Am 22. September 1945 findet unter der Regie Zeskas und in Bühnenbildern und Kostümen von Ernie Kniepert die Premiere von Franz Molnars „Liliom" statt. Die unverwüstliche „Vorstadtlegende" des

„Hutschenschleuderers" Liliom ist auch schauspielerisch hochkarätig besetzt, mit Alma Seidler als Julie, Paul Hörbiger als Liliom, Maria Eis als Frau Muskat, Oskar Werner als jungem Hollunder, Franz Höbling als himmlischem Polizeikommissär.

Am 26. September 1945 war in New York Richard Beer-Hofmann gestorben. Am 14. Oktober 1945 kam es im Ronacher zu einer Gedenkfeier, bei der nach der klagend-tragischen Ouvertüre aus Glucks „Alceste" und einer Gedenkrede von Oskar Maurus Fontana, Raoul Aslan, Maria Eis und Alma Seidler aus Werken des Dichters lasen. Den Abschluß der Feier bildete der erste Akt des Mysteriums „Jaakobs Traum". Eine Feier, über die das „Neue Österreich" schrieb: „Was nazistische Pöbeltyrannei uns ... vorenthalten hat, zeigte nur zu deutlich eine Gedenkfeier des Burgtheaters, die einem großen, von Hitler und seinen Schergen aus Wien vertriebenen, in der Fremde gestorbenen Künstler ... gewidmet war: Richard Beer-Hofmann. Er ist der letzte aus jenem Dichterkreis, dem Arthur Schnitzler, Hugo von Hofmannsthal, Peter Altenberg und Hermann Bahr angehörten. Und unter ihnen war er ... nie ein Dichter für das schaulustige Publikum oder ein Dichter der Massen, sondern – ein Poet der Seele."[4])

Paul Hörbiger als Liliom in der Burgtheateraufführung von September 1945

Am 25. November fanden in Österreich die ersten freien und demokratischen Nationalratswahlen nach dem Krieg statt, wobei die ÖVP 85, die SPÖ 76 und die KPÖ 4 Mandate erhielten. Es wurde eine Dreiparteienregierung unter Kanzler Leopold Figl gebildet, Karl Renner wurde vom neukonstituierten Nationalrat am 20. Dezember zum Bundespräsidenten bestimmt.

Elfriede Ott als Recha und Raoul Aslan in der Titelrolle von „Nathan der Weise", Dezember 1945

An diesem Tag geht im Ronacher die Premiere von Lessings „Nathan der Weise" in der Inszenierung von Lothar Müthel in Szene, mit Raoul Aslan als Nathan, Stephan Skodler als Sultan Saladin, Elisabeth Kallina als Sittah, Fred Liewehr als sehr jugendlichem Tempelherren, Ewald Balser als Derwisch, Julia Janssen als Daja und der damaligen Nachwuchsschauspielerin Elfriede Ott als Recha.

Die mit großer Spannung erwartete Aufführung der seit zwanzig Jahren im Burgtheater nicht mehr gespielten und in der Nazizeit verständlicherweise verbotenen Dichtung wird allgemein für glanzvoll befunden. Es gibt freilich auch schon leise Kritik am Stil des Burgtheaters, wenn etwa die „Weltpresse", die durchaus einen großen Abend attestiert, schreibt: „Unter der Regie Lothar Müthels hatte das Burgtheater seine besten Kräfte aufgeboten und eine eindrucksvolle Aufführung zustande gebracht. Der Glanz war nicht immer echt, und man nahm Zuflucht zu bewährten Mitteln, die eine schon sehr nahe Zeit mit deutlichem Unbehagen aufnehmen wird ... Das Problem der Darstellung geistigen Theaters, das Klassikerproblem also überhaupt, bedarf einer Revision und muß wieder von neuem zu lösen versucht werden."[5]) Einschränkungen wurden vom Rezensenten auch gegenüber Aslan vorgebracht, wenn er meint: „Die menschlichste und damit höchste Weisheit ist die Güte. Gütig war sein Nathan nicht. Nur klug und gescheit ... Ein menschliches Herz war nicht dabei, nur das Herz eines überlegenen und intelligenten Schauspielers."[6])

Müthel, der ob seiner politischen Vergangenheit ursprünglich gezögert hatte, das Stück zu inszenieren, im besonderen aber von Aslan und Buschbeck dazu überredet worden war, wurde nun tatsächlich von einigen Zeitungen ob dieser Vergangenheit angegriffen. Als er sich nun auch bei der russischen Kommandatur wegen seiner seinerzeitigen Inszenierung des „Kaufmanns von Venedig" mit Werner Krauß als sehr drastisch agierendem Shylock zu verantworten hatte, zog er es vor, Wien zu verlassen.

„Mit der verstärkten Pflege der Klassiker ... wächst das Burgtheater wieder in seine alte Mission hinein und gewinnt in zunehmendem Maße den Ruhm und Ruf zurück, der ihm unbestritten zu eigen war: ‚die führende Bühne deutscher Sprache' zu sein."[7]) Mit diesen Worten beginnt das „Kleine Volksblatt" seine Rezension von „Kabale und Liebe", die am 4. Februar 1946 Premiere hatte, und unterstreicht an anderer Stelle: „Die Aufführung war echtestes altes Burgtheater, auch hinsichtlich der Regie, die hier an der Tradition nicht viel zu ändern brauchte." Und wieder läßt die „Weltpresse" Zweifel am Stil der von Adolf Rott inszenierten Aufführung mit Fred Liewehr als Ferdinand und Solveig Thomas als Luise in ihre Kritik einfließen. „Es ist ... starkes, packendes Theater, eine Aufführung, die ihre Höhen und Effekte ausschließlich aus der schauspielerischen Leistung schöpft und den Hintergrund, in dem sich die ewige Menschheitstragödie spiegelt, unbelichtet läßt."[8])

Das Spieljahr 1945/46 stellte dem Burgtheater eine Reihe von Aufgaben, wie etwa die Wiedereinführung der geschlossenen Vorstellungen für das Theater der Jugend, die Wiedereinstellung von „untragbar" gewesenen Mitgliedern und die Wiederaufnahme von Stücken jener Autoren, die verboten gewesen waren. Dazu gehörte beispielsweise Arthur Schnitzler, dessen „Liebelei" am 9. März 1946 zur Aufführung gelangte. Ihr ging die Anatol-Szene „Weihnachtseinkäufe" mit Käthe Dorsch und O. W. Fischer als Gabriele und Anatol voran.

Eine „Liebelei", die nach dem Urteil mancher Rezensenten die Schnitzlersche Atmosphäre eher vermissen ließ und mit Tonio Riedl als Fritz, Fritz Lehmann als Theodor, Alma Seidler als Christine, Maria Kramer als Schlager-Mitzi und Ferdinand Maierhofer als Weiring besetzt war. Als einen vollkommenen Fehlgriff der Regie von Karl Eidlitz bezeichnet die „Arbeiter-Zeitung" die Tatsache, daß die Rolle des fremden Herren schließlich mit dem Darsteller des Anatol – also mit O. W. Fischer – besetzt wurde, denn

„dadurch tritt der leichtsinnige Melancholiker sozusagen als sein eigener Rächer auf, und der Sinn der Dichtung verkehrt sich ins gerade Gegenteil: es wird kein Schicksalsspruch gegen den leichtfertigen Verführer, sondern nur ein Brunftkampf unter Gleichen um das Weibchen."[9])

Am 14. April 1946 findet die Premiere von „Verstand schafft Leiden" von Alexander Sergejewitsch Gribojedow in der Inszenierung von Adolf Rott statt, einer 1824 vollendeten, glänzenden Gesellschaftskomödie in gereimten Versen, in der der Dichter Adel und Beamtentum vehement attackiert.

Käthe Dorsch als Gabriele und O. W. Fischer als Anatol in den „Weihnachtseinkäufen"

Am 4. Juni 1946 kommt es zur Uraufführung von „Kalypso" von Franz Theodor Csokor, der 1938 in die Emigration gegangen war, mit Maria Eis, Ewald Balser, Fred Liewehr, Raoul Aslan, inszeniert von Herbert Waniek. In diesem wundervollen, fast klassischen Drama mit seiner mediterranen Atmosphäre hat es Odysseus auf die ferne Insel der Nymphe Kalypso verschlagen. „Des Odysseus Rast bei Kalypso ist die Rast aller Ruhelosen . . . , die ihre Heimat niemals mehr finden, denn ihre Heimat heißt immer – die Ferne",[10]) hatte der Dichter im Vorwort zu seinem Stück geschrieben. Odysseus, der die Insel verläßt, um die Heimat, die er in Ithaka wähnt, wieder zu finden, kommt noch einmal zur Insel zurück. Als Toter, der an den Strand geschwemmt wird.

Nun, da die Zeit des ärgsten Notstandes überwunden war, wurde das Bedürfnis, hinsichtlich der unzulänglichen räumlichen Verhältnisse etwas zu unternehmen, immer drängender. Die zur Verfügung stehende Spielfläche war viel zu klein, denn das einstige Nachtlokal „Parisienne" nahm einen beachtlichen Raum ein. Um eine entsprechend große Bühne zu gewinnen, mußte daher die Wand zwischen der Bühne des Ronachers und dem benachbarten „Parisienne" abgetragen werden. Die Gebäudeverwaltung des Burgtheaters stellte an die „Ronacher Realitätengesellschaft" ein diesbezügliches Ansuchen, das jedoch abgelehnt wurde. Daraufhin richtete Aslan am 18. Juni 1946 einen Notruf an die Gebäudeverwaltung der Bundestheater, in dem er u. a. ausführte, daß man auf die Weiterbelebung des klassischen Spielplanes verzichten und sich auf ein Verlegenheitsrepertoire beschränken müsse, wenn der geplante Umbau nicht bewerkstelligt werden könnte. Gleichzeitig wurde ohne Erlaubnis mit den Arbeiten begonnen. Die Baubewilligung wurde am Ende doch erteilt, und im September 1946 war der Umbau beendet. Am 25. September 1946 fand die erste große Klassikeraufführung auf der erweiterten Bühne statt, und zwar Schillers „Die Jungfrau von Orleans" in der Regie von Adolf Rott mit Maria Becker als Johanna und Albin Skoda als Karl VII.

Das Jahr 1947 beginnt mit extremer Kälte. Wegen Kohle- und Strommangels werden kurzfristig Theater und Kinos geschlossen. Die Schüler erfahren über Rundfunk und Zeitung, daß die Weihnachtsferien um 14 Tage verlängert werden, in der Folge wird diese Frist noch mehrmals um je 2 Wochen hinausgeschoben. Während nun die Schüler bis auf weiteres im Regelfall nur einmal pro Woche auf etwa eine Stunde in die Schule kommen und hier in Wintermänteln sitzend die Aufgaben entgegennehmen, beginnen die Theater bald wieder zu spielen.

So kommt es am 25. Jänner im Ronacher zu einer Neuinszenierung von Schillers „Die Räuber" in der Regie von Walter Felsenstein. Die Inszenierung ist ein enormer Erfolg und wird vom Publikum stürmisch bejubelt, wobei von einigen Rezensenten die schauspielerische Leistung von Albin Skoda als Franz Moor an die Spitze gestellt wird. Über den Regisseur Felsenstein urteilen die Rezensenten durchaus verschieden und sind keinesfalls mit allem einverstanden. So stellt der „Wiener Kurier", der zuerst Felsensteins Tempo und Schauspielführung und seinen Blick für das Bildhafte mit viel Lob hervorhebt, dann freilich auch seine Vorliebe für opernhafte Gesten herausstreicht, fest: „Vom heißen rebellischen Atem des Schillerschen Werkes ist nicht allzuviel zu spüren; ihn zehrt das Feuer der Leidenschaft auf, ein Pathos der Gefühle, mit dem das des Gedankens nicht Schritt hält."[11])

Am 28. Februar findet die Premiere von „Das heilige Experiment" von Fritz Hochwälder in der Inszenierung von Adolf Rott statt. Es ist die erste Burgtheateraufführung eines Werkes des Wieners Hochwälder, der seit 1938 in der Schweiz lebt und bald zu den meistgespielten Dramatikern der Nachkriegszeit gehören wird. Das Drama, mit dem Hochwälder der große internationale Durchbruch gelang, handelt von dem „heiligen Experiment" des Jesuitenstaates in Paraguay im 18. Jahrhundert. Ein Experiment, das tragisch gescheitert ist und den Untergang eines Staates zeigt, dessen Ordnung zu gut und zu vornehm für die Postulate der Realpolitik ist. Diesen Untergang stellt Hochwälder im Ablauf eines Tages im Jesuiten-Collegium in Buenos Aires dar.

Im März 1947 kommt es zu einem vielbejubelten ersten Gastspiel der Comédie française im Ronacher. Bundeskanzler Figl, die Spitzen der Alliierten, zahlreiche Repräsentanten des öffentlichen Lebens, im besonderen auch aus dem Bereich der Kultur, sind im Publikum vertreten. Gespielt werden „Le Barbier de Seville" von Beaumarchais und „Un Caprice" von Musset. Gewiß, die Bewunderung und Verehrung einer mehr als ehrwürdigen Institution gegenüber, die ob ihres Darstellungsstiles und ihrer Sprachkultur seit Jahrhunderten weltberühmt ist, war gewissermaßen beim Publikum und bei der Presse vorprogrammiert. Aber dabei blieb es keinesfalls, Publikum und Presse zeigten sich vielmehr von der Spielfreude, dem Witz, der Grazie, dem Charme und der Farbigkeit der Aufführungen geradezu entzückt. Das galt zunächst für den „Barbier", den die meisten Zuschauer wohl nur als die Oper Rossinis kannten, und nun feststellen konnten, wieviel Brio, wie viele Elemente der Opera buffa bereits hier vorhanden sind. Das Entzücken des Publikums war noch größer bei „Un Caprice", das von einem Lieblingsthema des französischen Theaters handelt, nämlich den Licht- und Schattenseiten der Ehegeometrie – des Ehedreiecks und des Ehebruches.

Büchners Drama „Dantons Tod" hat am 30. April 1947 Premiere und findet trotz seiner hervorragenden Besetzung mit Ewald Balser als Danton und Heinz Moog als Robespierre eine weitgehend geteilte Aufnahme. Otto Basil schreibt, daß der Abend trotz Adolf Rotts problematischer Regie ein Abend großlinigen Theaters geworden ist, daß man aber in gewissem Sinne von Dantons Tod durchs Burgtheater sprechen könnte, was „auf die lendenlahme, das Pathetisch-Rhetorische betonende, nicht das unheimlich Funkelnde der großen Dichtung sichtbar machende Regie" zurückzuführen wäre.[12])

Am 15. Juni 1947 geht eine Neuinszenierung von Hamlet (in der Schlegelschen Übersetzung) unter der Regie von Leopold Lindtberg in Szene. Die Titelrolle spielt Albin Skoda, und er wird weitgehend als das größte Ereignis des Abends gefeiert. Hilde Mikulicz ist als Ophelia voll Liebreiz und Zerbrechlichkeit, enttäuscht freilich auch ein bißchen, weil sie nach mehrfach übereinstimmender Meinung die Liebesverfallenheit an Hamlet zu wenig deutlich macht; ein Kritiker schreibt, daß sie in der Wahnsinnsszene keinesfalls furchtbar, sondern nur furchtbar niedlich wirke.[13])

Am 12. September 1947 kam der erste große Heimkehrertransport aus der Sowjetunion nach Wien. Wer dies miterlebt hat, vermag sich auch heute kaum ohne Erschütterung daran zu erinnern, an die wartenden Frauen, Eltern, Kinder, an die vielen, die mit Suchtafeln gekommen waren, an die ergreifenden Momente des Wiedersehens. Zu Tausenden hatten sich damals die Menschen auf dem devastierten Ostbahnhof eingefunden.

Am 18. September 1947 erlebt Csokors Partisanendrama „Der verlorene Sohn" seine Uraufführung, wobei der Dichter, der im Juni zum Präsidenten des wiederbegründeten Pen-Zentrums gewählt worden war, anwesend ist und vom Publikum mit lange anhaltendem Beifall geehrt wird.

„Ein Sommernachtstraum" in der Regie von Herbert Waniek kommt am 30. November 1947 heraus, mit der Musik von Mendelssohn-Bartholdy, die durch viele Dezennien mehr oder weniger eine Selbstverständlichkeit, heute fast schon zur Seltenheit, weil den meisten Regisseuren zu romantisch und zu illustrierend, geworden ist. Allerdings hatte schon der Expressionismus den Blick hinter das amüsante und drollige Verwirrspiel gerichtet, auf die Nachtseite der menschlichen Seele, die Dämonie des Eros. Worauf dann ja im besonderen Jan Kott in seinem sensationellen Shakespeare-Buch hingewiesen hat.[14])

Die Sommernachtstraum-Inszenierung im Ronacher kann als relativ modern angesprochen werden. „Das Burgtheater ist sowohl dem Geist der Music-Hall, in deren profanen Hallen es zu spielen gezwungen ist, wie dem Geist des großen Will durchaus gerecht geworden, wenn es den Sommernachtstraum als ‚Charell-Revue' inszenierte", schreibt das „Neue Österreich".[15]) Sehr schlecht kommt in dieser Rezension die Übersetzung von Richard Flatter weg, „durch sie wird Shakespeare immer platter und platter."[16])

In diesem „Sommernachtstraum" spielen Judith Holzmeister die zärtliche und traumverwirrte Titania und Hermann Thimig den sich in einen Esel verwandelnden Zettel. Hilde Mikulicz und Alexander Trojan, Elfriede Ott und Tonio Riedl sind geradezu zauberhafte Liebespaare. Die Handwerker werden von Ernst Pröckl, Viktor Braun, Hermann Wawra, Richard Eybner und Josef Meinrad dargestellt und präsentieren sich in den Rüpelszenen als Clowns von Format. Gusti Wolf spielt den seine teuflische Herkunft nicht verleugnenden Puck. Ernie Kniepert zeichnet für Bühnenbild und Kostüme verantwortlich, die Choreographie liegt in den Händen von Rosalia Chladek.

In den Tageszeitungen jener Zeit sind laufend Notizen über die Versorgungslage zu finden, etwa daß es für bestimmte Bevölkerungsgruppen wie Schwerstarbeiter oder werdende und stillende Mütter Seefische auf Zusatzkarten gibt oder daß an einem bestimmten Tag Seifenkartenabschnitte verfallen. Als Folge einer besseren Lebensmittelversorgung beginnen freilich die Schwarzmarktpreise allmählich zu fallen, der „Schleichhandelsindex" sinkt in den ersten Monaten des Jahres 1948 um rund 25 Prozent.

Am 7. Februar 1948 hat im Ronacher der Goethesche „Faust" (1. Teil) Premiere, nach 16 Jahren – wie etliche Zeitungen mit Rufzeichen vermerken – ist es wiederum der erste Faust in Wien. Das schon im Juli 1945 eröffnete Studio der Hochschulen, das sich wie einige andere neugegründete Theater auch als Alternative zu den etablierten Theaterformen begriff, hatte im April 1946 allerdings bereits den Urfaust gespielt.

Das schauspielerisch hohe Niveau dieser Aufführung blieb unbestritten, und daß die Szenenbilder zumindest teilweise geglückt waren, die vorherrschende Rezensentenmeinung. Die Regie Ewald Balsers wurde freilich teilweise als zwiespältig empfunden, wobei z. B. die „Arbeiter-Zeitung" aber positiv vermerkte, daß sie sich bewußt vom Deklamatorischen abwende und sich bemühe, einen in Sprache und Gebärde durchaus realistischen Faust zu vermitteln.[17]) Ewald Balser spielte selbst den Faust, stärker als Suchender und als Leidender denn als Liebender, die liebreizende Hilde Mikulicz das Gretchen, Maria Eis eine gurrende Marthe, die ihr wie auf den Leib geschrieben schien, Paul Pranger den „trockenen Schleicher" Wagner. In der Schülerszene erregte der junge Oskar Werner allseits große Bewunderung. Begeisterung rief schließlich der prachtvolle Mephisto Heinz Moogs als brillanter Zyniker und höhnischer Spötter hervor.

Raoul Aslans Gesundheitszustand zeigte sich der dreifachen Belastung als Direktor, Regisseur und Schauspieler nicht mehr gewachsen, und so bot er bereits im August 1947 seine Demission als Direktor an. Diese Nachricht sickerte natürlich bald durch, und sofort setzte das besonders in Wien so beliebte Nachfolgeratespiel mit seinem entsprechenden Echo in der Presse ein.

Aslan, dieser Gandseigneur des Burgtheaters, hatte mit seinem großen Charme und seiner Abgeklärtheit und Weisheit das Haus in den schwersten Zeiten geleitet und dafür nicht einmal ein Direktorengehalt bezogen – er erhielt lediglich die höchste Gage eines ersten Schauspielers. „Er wird in der Reihe der Burgtheaterdirektoren immer als derjenige gelten, der die Bühne aus Schutt und Asche wieder aufgerichtet und dazu ... noch Glanzlichter seiner Darstellungskunst gegeben hat."[18])

Der neue Direktor hieß Josef Gielen, hatte vor dem Krieg vor allem am Schauspielhaus und an der Staatsoper in Dresden, an der Berliner Staatsoper und am Burgtheater Regie geführt und war in der Emigration von 1939 bis 1948 am Opernhaus von Buenos Aires, dem Teatro Colón, tätig gewesen, wo ihm zahlreiche aufsehenerregende Inszenierungen gelungen waren.

„Der Ernennung eines neuen Mannes für den prunkvollen Sessel im Direktionszimmer des einst so stolzen Hauses, dessen Verbindung mit dem Ronachertheater andauernd bei wahren Freunden des Burgtheaters kräftiges Sodbrennen hervorruft, gingen wochenlange Diskussionen in der Öffentlichkeit bevor, und nach seinem Regierungsantritt flaute die Stellungnahme für und wider erst recht nicht ab ...", schrieb „Funk und Film"[19]) und setzte an anderer Stelle fort: „... es besteht die Gefahr, daß der Direktor-Regisseur sich ebenso in seinem ureigensten Metier verliert wie der dirigierende Operndirektor. Wird Herr Gielen auch die anderen beherrschen, wird er den Spielplan erneuern, wird er den politischen und künstlerischen Intrigen gewachsen sein?"[20]) Nun, Gielen hat den Spielplan sehr weitgehend erneuert, er baute ein umfangreiches Repertoire auf, zu dem auch zahlreiche Meisterwerke des 20. Jahrhunderts zählten, und er blieb auch als Direktor ein ausgezeichneter Regisseur.

Erhard Buschbeck leitete das Haus interimistisch für die Zeit zwischen Aslans Abgang und Gielens Beginn, demnach vom 8. März bis 15. Oktober 1948. Am 17. März kam es zur Premiere von „Münchhausen" von Walter Hasenclever in der Regie von Adolf Rott mit Max Paulsen als Hieronymus von Münchhausen. Dieses letzte Bühnenwerk des expressionistischen Dramatikers und Lyrikers behandelt die späten Lebensjahre des Lügenbarons, die im Zeichen einer späten, unglücklichen Leidenschaft stehen. Das Schauspiel, das im Februar 1948 seine Uraufführung in Leipzig erlebte, findet in Wien wenig Anklang, wird von der Kritik weitgehend als uninteressant empfunden. Man hätte Hasenclever mit einem anderen Stück ehren sollen, ist die mehrfach geäußerte Meinung.

Am 10. Juni gelangt Hofmannsthals apokalyptisches Symboldrama „Der Turm" zur Aufführung. Das – lange Zeit von vielen verkannte – Stück wird in einer Kombination der Urfassung (1925) und in der auf Wunsch von Max Reinhardt hergestellten zweiten Fassung (1927) gespielt, in einer packenden Aufführung, inszeniert von Leopold Lindtberg mit Bühnenbildern von Stephan Hlawa und mit Rudolf Forster als König Basilius und Albin Skoda als seinem Sohn Sigismund.

Im Laufe des Jahres 1948 zeigte sich eine rückläufige Tendenz in der Zahl der Theaterbesucher. Die ersten und schwersten Nachkriegsjahre mit ihrer Not an Nahrungsmitteln, Brennstoffen und anderem mehr, gekennzeichnet aber auch durch einen enormen Kulturhunger, waren vorbei. Die Verbesserung der wirtschaftlichen Verhältnisse und das wachsende Warenangebot schufen dem Theater schwierige Zeiten. So manche Bühne, die erst nach dem Krieg entstanden war, mußte nun wieder schließen.

Die Premiere, die dann am 12. September 1948 im Ronacher stattfindet, wird allgemein als Sensation empfunden, gilt sie doch einem der vieldiskutiertesten Stücke der Nachkriegszeit, nämlich Carl Zuckmayers „Des Teufels General". Zuckmayer hatte das Werk 1942 in den USA geschrieben.

Im Dezember 1941 hatten auch etliche amerikanische Zeitungen berichtet, daß Generaloberst Ernst Udet, Generalluftzeugmeister der Wehrmacht, beim Ausprobieren einer neuen Waffe tödlich verunglückt wäre und ein Staatsbegräbnis erhalten hätte. Tatsächlich hatten ihn Hitler, Göring und Generalfeldmarschall Milch für die Krise der deutschen Luftwaffe, die die ihr gestellte Aufgabe im Mehrfrontenkrieg nicht leisten konnte, und für Fehlentscheidungen in der Flugzeugproduktion verantwortlich gemacht, worauf sich Udet das Leben nahm.

In seinen Memoiren erinnert sich Zuckmayer an seine letzte Begegnung mit Udet in Berlin 1936, als dieser ihm gesagt hatte, er solle in die Welt gehen und nicht mehr wiederkommen, denn in Deutschland gäbe es keine Menschenwürde mehr. Und auf des Dichters Frage, was er denn tun werde, antwortete: „Ich bin der Luftfahrt verfallen. Ich kann da nicht mehr raus. Aber eines Tages wird uns alle der Teufel holen."[21]) Und Zuckmayer schreibt, wie er an einem Spätherbstabend im Jahre 1942 mit seinem Tragkorb den Weg zur Farm hinaufgestiegen und auf einmal stehengeblieben war: „‚Staatsbegräbnis!' sagte ich laut. Das letzte Wort der Tragödie. Was in Wirklichkeit vorgegangen war, wußte ich nicht ... Die Tragödie stand mir vor Augen – lückenlos."[22])

„Des Teufels General" war am 14. Dezember 1946 am Schauspielhaus Zürich uraufgeführt worden. Die deutsche Erstaufführung erfolgte am 8. November 1947 am Deutschen Schauspielhaus in Hamburg.

Die österreichischen Zeitungen widmeten der Premiere im Burgtheater sehr ausführliche Rezensionen, die sich vor allem auch sehr eingehend mit dem Stück auseinandersetzten, dessen Aufführung in Wien außerordentlich begrüßt wurde.

Unter der Regie von Max Paulsen spielte Ewald Balser den General Harras, einen Gegner des NS-Regimes, der ihm dennoch dient, weil er ein leidenschaftlicher Flieger ist, Heinz Moog stellte den gespensterhaft kalten Kulturleiter Dr. Schmidt-Lausitz dar, Albin Skoda den Chefingenieur Oderbruch, einen Fanatiker des Wahren und Gerechten, Oskar Werner den sensiblen jungen Fliegerleutnant Hartmann, Käthe Dorsch die Operettendiva „entre deux ages" Olivia Geiß, Paula Jucker verkörperte die junge Diddo, letzte Liebe in Harras Leben, und Gusti Wolf das Pützchen, die arrogante und intrigante BDM-Führerin.

Am 16. Oktober 1948 tritt Josef Gielen sein Amt als Burgtheaterdirektor an. Die erste Premiere unter seiner Ägide ist das Wien-Stück

„Des Teufels General" von Carl Zuckmayer: Links: Ewald Balser als General Harras. Rechts: Gusti Wolf als Pützchen und Oskar Werner als Leutnant Hartmann. Unten: Ewald Balser als General Harras und Heinz Moog als Dr. Schmidt-Lausitz, Ronacher 1948

„Der Himmel voller Geigen" von dem Dramatiker, Kritiker und Theaterhistoriker Rudolf Holzer. Ein nicht sehr bedeutungsvolles Bilderbogenstück, das das Schicksal des 1854 an der Cholera gestorbenen Lyrikers Ferdinand Sauter behandelt, der von Josef Meinrad gespielt wird.

Der neue Burgtheaterdirektor äußerte sich wiederholt in Interviews über das Bild, das sich ihm bei Antreten seiner Tätigkeit geboten hat. Es sind vor allem einmal Äußerungen voll größten Lobs über das Ensemble: „Einen derartigen Reichtum an wertvollen Schauspielern, wie ich ihn hier vorgefunden habe, findet man wohl an keinem zweiten deutschsprachigen Theater."[23]) Aber es fehlt auch nicht an kritischen Tönen. „Bei näherem Studium ... sprang die Heterogenität ... der einzelnen Aufführungen, die ... künstlerische Direktionslosigkeit auch im schauspielerischen Ausdruck ... in die Augen. Man sprach wie beim Turmbau zu Babel in vielen Zungen ... Das konnte auch gar nicht anders sein, es war ... nur die notwendige Folge aus den historisch gegebenen Tatsachen der letzten zwanzig oder gar fünfunddreißig Jahre."[24])

Am 30. November 1948 hat Goethes „Egmont" Premiere. Ein Klassiker, der gerade damals auch als brennend aktuelles Zeitstück empfunden wurde, was auch aus etlichen Rezensionen hervorgeht, in denen nicht nur auf die Nazivergangenheit, sondern auch auf die weltpolitischen Spannungen der Gegenwart hingewiesen wird.

Ernst Lothar, der in Bühnenbildern von Stephan Hlawa inszeniert, wird im besonderen als positiv angerechnet, daß er die aktuellen Akzente nicht allzusehr betont. Der große Jubel gilt den Schauspielern, Ewald Balser als kraftvollem Egmont, der vor allem der Anwalt des unterdrückten niederländischen Volkes ist, Käthe Gold als Klärchen von verhaltener Innerlichkeit, Lieblichkeit und Mut, Raoul Aslan als eiskaltem, mit den Zügen eines Großinquisitors ausgestattetem Alba, Helene Thimig als der tragischen Regentin Margarete von Parma, Hedwig Bleibtreu als ergreifender Mutter Klärchens, Fred Hennings als souverän agierendem Wilhelm von Oranien, Oskar Werner als überaus sensiblem Brackenburg.

In der großen Budgetdebatte im Nationalrat wird – wie alljährlich – auch über den Wiederaufbau der beiden großen österreichischen Bundestheater gesprochen. Hierbei wird auch die Ansicht vertreten, daß es besser wäre, vor allem die Staatsoper rasch aufzubauen und das Burgtheater an die zweite Stelle zu rücken. Eine Meinung, die in etlichen Zeitungen sofort Protest hervorruft, wobei immer wieder auf die Unzulänglichkeit des Ronachergebäudes mit seiner nicht besonders guten Akustik hingewiesen wird.

Fred Hennings gewinnt dem Ronacher als Burgtheaterdomizil freilich auch positive Seiten ab, wenn er von der Weiträumigkeit des Hauses schreibt und vom gut übersehbaren Saal, der nicht einer gewissen Feierlichkeit entbehre. „Doch betrat man das Ronacher durch das in der Himmelpfortgasse gelegene Bühnentürl, war es um alle Weiträumigkeit und Feierlichkeit geschehen! Überall Enge und unübersichtliches Winkelwerk. Alles, was zum Betrieb gehörte, Direktions- und technische Büros, Herren- und Damengarderoben, Dramaturgie- und Regiekanzleien waren in den verschiedenen Stockwerken ... zusammengepfercht. Um zu seinen Auftritten zu gelangen, mußte man sich über halsbrecherische Treppen und Treppchen und durch enge Gangerln und Schluffe zwängen. Eine steile eiserne Stiege führte zu der im Kellergeschoß gelegenen Kantine. Von dort stiegen kurz nach Probenbeginn regelmäßig die Gulaschdämpfe zur Bühne auf."[25])

Die erste Regie des neuen Direktors gilt Ferdinand Bruckners packendem Drama „Elisabeth von England" (Premiere am 8. Jänner 1949) mit Maria Eis in der Titelrolle und Werner Krauß als König Philipp II. Mehrere Themenkomplexe sind in diesem Schauspiel miteinander verwoben: der Kampf zwischen spanischer Weltmacht und einem England, das noch nicht die Seeherrschaft errungen hat, zwischen katholischer Weltpolitik und dem Beginn einer sich – nach der Reformation – anbahnenden politischen Neuordnung. Die erotische, ja sexualpsychologische Beziehung zwischen der alternden, mit wenig weiblichen Reizen ausgestatteten Königin und dem jungen Grafen Essex sowie dessen Verschwörung und seine Hinrichtung am Schafott. Er und seine Verschwörerkumpane hatten die Königin nachts überfallen und im Hemd durch den Park gejagt. Und schließlich auch der Komplex Elisabeth – Bacon, der die unaufhaltbaren innenpolitischen Veränderungen aufzeigt.

Es sind großartige Rollen für die beiden weltpolitischen Gegenspieler, aber auch für alle anderen Darsteller, im besonderen für Albin

Skoda als den mit eiskalter Leidenschaft agierenden Francis Bacon, Hermann Thimig als einen vielleicht etwas zu liebenswürdigen Cecil und O. W. Fischer als weltmännischen Essex mit „gefährlichem Essex-Appeal".[26])

Eine weitere Premiere gilt Hochwälders neuem Drama „Der öffentliche Ankläger", das die Französische Revolution in ihrer Endphase behandelt, den gespenstischen Leerlauf einer erstarrten Revolutionsbürokratie, die immer neue Opfer an die Guillotine liefert und letztlich nur mehr der Maschinerie des Apparates huldigt. Mit einer Paraderolle für Werner Krauß, der den verabscheuungswürdigen öffentlichen Ankläger des Revolutionstribunals Fouquier-Tinville spielt.

Im Spielplan Gielens ist unschwer ein sehr bestimmtes geistiges Konzept zu erkennen, und so gelangt auch Shakespeares „Julius Cäsar" zur Aufführung, das der Hausherr selbst inszeniert, wobei Aslan einen innerlich unendlich müden Cäsar, Balser einen von seinen Idealen getriebenen Brutus und Skoda einen vom Ehrgeiz gepeitschten, sprachgewaltigen Mark Anton spielt.

Links: Käthe Gold als Kleopatra in dem Trauerspiel „Antonius und Kleopatra" von William Shakespeare, 1953. Rechts: Albin Skoda in der Titelrolle „Der Graf von Charolais" von Richard Beer-Hofmann, 1954

Gielen ist auch der Regisseur von Paul Claudels „Der seidene Schuh" in der Bühneneinrichtung von Claudel und Jean Louis Barrault, mit der Musik von Arthur Honegger. Claudels sehr anspruchsvolles Mysterium der Entsagung, das an Calderons „Großes Welttheater" gemahnt, erlebt mit seinen 28 Bühnenbildern – Teo Otto hat dazu wunderschöne Dekorationen geschaffen – eine überragende Realisierung.

Der Regisseur der Premiere am 22. Juni 1949, George Bernard Shaws sarkastischer Komödie „Major Barbara", heißt Berthold Viertel. Schon im Sommer 1948 hatte Josef Gielen den großen Regisseur, bedeutenden Lyriker und feinsinnigen Essayisten zur Mitarbeit an das Burgtheater eingeladen. Daß Gielens Burgtheaterjahre zu den wichtigsten in der Geschichte des Hauses gezählt werden, daran hat auch Viertel erheblichen Anteil, der zum großen alten Mann dieser Bühne wurde. Bereits im Jänner 1949 hatte er eine exemplarische Aufführung von Tennessee Williams „Die Glasmenagerie" mit Helene Thimig, Käthe Gold, Curd Jürgens und Josef Meinrad in Bühnenbildern von Teo Otto im Akademietheater inszeniert.

Fred Hennings hat uns ein anschauliches Bild von Viertels Probentätigkeit übermittelt: „Immer wieder unterbrach der unermüdliche Kettenraucher die Arbeit auf der Bühne und zog sich mit den Darstellern in eine der Garderoben zurück, steckte sich die geliebte Zigarette in den Mund und ließ seinen Gedanken freien Lauf. ... Eingehüllt in dichte Rauchwolken, gewann man auf einmal die tiefsten Einblicke in das Wesen jener Figuren, die man darzustellen hatte ... Diese ... bohemehafte Arbeitsweise erregte bei vielen Ärgernis, führte am Ende aber zu Meisterwerken tiefenpsychologischer Inszenierungskunst."[27])

Am 5. November 1949 hatte Grillparzers „König Ottokars Glück und Ende" in der Inszenierung von Ernst Lothar Premiere. Mit Ewald Balser als kraftstrotzendem Ottokar, Raoul Aslan als sehr abgeklärtem Rudolf, Helene Thimig als ergreifend schlichter Margarethe von Österreich, Judith Holzmeister als betörender und mondäner Kunigunde, Heinz Moog als betrogenem Benesch, Fred Hennings als finsterem Milota, Albin Skoda als schurkischem Zawisch, Annemarie Düringer als der in Wahnsinn verfallenden Bertha und Fred Liewehr als Ottokar von Horneck. Die Aufführung wurde von Presse und Publikum stürmisch gefeiert, auch als Aufführung des Nationaldramas eines Landes, das frei und souverän sein wollte. Nach etlichen patriotischen Aussprüchen Rudolfs war das Publikum denn auch demonstrativ in enthusiastischen Beifall ausgebrochen.

Das Jahr 1949 wird anläßlich des 200. Geburstages von Goethe mit einer Aufführung von „Faust II“ beendet. Die Besetzungsliste umfaßt drei Programmseiten, darunter Ewald Balser als Faust und Albin Skoda als Mephisto. Eine Aufführung, die „als Dichtung und Theater in vollendeter Synthese“[28]) bejubelt wird und bei der Josef Gielen Regie führt.

Mit „König Richard II.“ – jenem Königsdrama, das der Graf von Essex zwei Tage vor seinem Aufstand 1601 den Mitverschworenen im Globe-Theater vorführen ließ – geht am 17. März 1950 die erste Shakespeare-Inszenierung von Berthold Viertel über die Bühne des Ronachers. Den Richard spielt Albin Skoda, dessen faszinierende Darstellung mit der eines Josef Kainz verglichen wird.

Nur wenige Tage später bringt das Burgtheater Gerhart Hauptmanns glänzende Diebskomödie „Der Biberpelz“ in der Regie von Josef Gielen heraus. Es ist eine ideale Ensembleleistung, und die Aufführung des als Zeitsatire konzipierten Stückes wird vom Publikum mit großem Vergnügen genossen. Die resolute Waschfrau Wolff, die einen Biberpelz gestohlen hat, um mit dem Erlös die Schulden für ihr Häuschen zu bezahlen, ist natürlich eine Prachtrolle für Maria Eis. Otto Schmöle spielt ihren gutmütigen, etwas begriffsstützigen Mann, Gusti Wolf die freche, in den Fußstapfen der Mutter wandelnde Tochter Adelheid und Theo Lingen den bornierten und königstreuen Amtsvorsteher von Wehrhahn, der den Diebstahl nicht aufklären will und lieber Jagd auf „politisch Anrüchige“, sprich Liberale und Demokraten macht.

Shakespeares „Die Zähmung der Widerspenstigen“ wird sodann im Mai 1950 von Walter Felsenstein inszeniert. In dieser wirbeligen, an eine Goldoni-Komödie erinnernden Aufführung spielt Attila Hörbiger den tobenden und lärmenden Petrucchio, und die zauberhaft aussehende junge Susi Nicoletti gibt das sehr widerborstige und zänkische Käthchen. Die Rolle des betrunkenen Kesselflickers Sly, der bekanntlich von einem Lord auf dessen Schloß gebracht wird, um hier wie ein Lord behandelt zu werden, und dem von vorbeikommenden Schauspielern die Komödie „Der Widerspenstigen Zähmung“ vorgespielt wird, gibt Heinz Moog Gelegenheit, seine großartige schauspielerische Vielseitigkeit zu demonstrieren.

Links: Maria Eis als Sidonie Knobbe in Gerhart Hauptmanns „Die Ratten", 1954. Rechts: Theo Lingen als Wehrhahn in der Diebskomödie „Der Biberpelz" von Gerhart Hauptmann, 1950

Bereits im Juni 1949 hatte Zuckmayer an Gielen geschrieben und ihm nach der Aufführung von „Des Teufels General" – gewissermaßen als Kontrapunkt – vorgeschlagen, den „Hauptmann von Köpenick" mit Werner Krauß in den Spielplan aufzunehmen. Diese deutsche Tragikomödie erlebte nun im Ronacher – Premiere war am 7. Oktober 1950 – auch nach Meinung vieler Rezensenten eine Aufführung, wie sie auf keiner anderen Bühne zu finden war. 65 Schauspieler waren insgesamt aufgeboten, mit Werner Krauß als Wilhelm Voigt, dieser zwischen Tragik und Groteske irrlichternden Gestalt, deren Verkörperung durch den großen Charakterdarsteller als ein Gipfelpunkt der Schauspielkunst in die Annalen eingegangen ist.

Als am 18. November 1950 Goethes „Götz von Berlichingen" in der Regie Gielens herauskommt, nimmt das „Neue Österreich" in einem Leitartikel darauf Bezug und schreibt in Zusammenhang mit Götzens Freiheitskampf: „... wenn er in seiner belagerten Bühnenburg sein letztes Wort ausspricht ‚Es lebe die Freiheit! – und wenn die uns überlebt, können wir ruhig sterben', dann gehen die Zuschauer mit, als ob es heute wäre, dann erdröhnt das Haus im Beifallssturm ... Auch wir sitzen heute in einer belagerten Burg! ... Auch wir waren im Laufe dieser Belagerung, die bei uns Besatzung heißt, oft genug beim letzten Bissen Brot angelangt, gar nicht zu reden vom letzten Schluck Wein, den der Dichter mit dem letzten Blutstropfen vergleicht, der erst verronnen sein muß, bevor der letzte Ruf nach Freiheit verklingt."[29])

Susi Nicoletti als Katharina und Attila Hörbiger als Petrucchio in „Der Widerspenstigen Zähmung", 1950

Wenige Wochen vorher hatte in Österreich der sogenannte Oktoberstreik stattgefunden, nachdem die Kommunisten – als Reaktion auf das vierte Lohn-Preis-Abkommen – zur Arbeitsniederlegung aufgerufen hatten, der in Wien rund 120.000 Arbeiter (davon rund ein Drittel aus den sowjetisch verwalteten USIA-Betrieben) auch Folge leisteten. Der Streik, von der Regierung als „kommunistischer Putschversuch bezeichnet", führte in Wien glücklicherweise jedoch zu keinen größeren Konfrontationen. Die errichteten Barrikaden wurden schließlich von der Polizei und Gruppen der Bauarbeitergewerkschaft unter Führung ihres Sekretärs Franz Olah beseitigt, die auch die besetzten E-Werke und Straßenbahndepots räumten.

Anfang des Jahres 1951 kommt es zur Uraufführung von Max Mells „Kriemhilds Rache" (Der Nibelungen Not, II. Teil), wobei dem Werk nicht mehr als ein großer Achtungserfolg zuteil wird.

Zu einem eindrucksvollen Abend voll packender Dramatik gestaltet sich indes die Premiere von Zuckmayers „Der Gesang im Feuerofen". Das realistische, ins Gleichnishafte gesteigerte Drama, das in Frankreich unter der deutschen Besetzung 1943 spielt, wird von der Kritik als große dichterische Zeitaussage gewürdigt, und man ruft

Zuckmayer, der vor allem von der Jugend mit stürmischem Beifall bedacht wird, bei der Premiere wiederholt auf die Bühne.

Es wurde viel Shaw in der Nachkriegszeit gegeben: Im März 1951 kommt „Cäsar und Cleopatra", inszeniert von Gielen, heraus. In dieser herrlich respektlosen Historie spielt Werner Krauß den schon etwas alternden Cäsar voll hintergründigem Ernst und Susi Nicoletti das viel Sex-Appeal versprühende launische Kätzchen Cleopatra, und wieder ist es ein Abend, der als eine wahre Sternstunde des Burgtheaters empfunden wird, was nicht zuletzt auch der wiederholte Applaus auf offener Szene beweist. Die Rolle des Ptolemäus, des zehnjährigen Bruders der Cleopatra, ist mit dem Kinderdarsteller Heiki Eis besetzt, der durch Jahre hindurch ein besonderer Liebling der Illustrierten war.

Ulrich Bettac als Bischof in Bamberg, Lieselotte Schreiner als Adelheid und Alexander Trojan als Franz in „Götz von Berlichingen", 1950

Am 18. April wird zum 55jährigen Burgtheaterjubiliäum von Otto Treßler Franz und Paul von Schönthans „Der Raub der Sabinerinnen" einstudiert. Dem Jubilar – als Theaterdirektor Striese – werden hierbei schon bei seinem ersten Auftritt so stürmische Ovationen bereitet, daß er minutenlang am Weiterspielen gehindert wird.

Zum Saisonausklang bringt das Burgtheater dann Richard Billingers Stück „Traube in der Kelter", das hier am 16. Juni 1951 seine Uraufführung erlebt und von Leon Epp in Bühnenbildern von Gustav Manker inszeniert wird. Das Schauspiel um eine Episode aus dem Leben der Margarete Maultasch, der häßlichen Gräfin von Tirol, erfährt eine recht zwiespältige Aufnahme. So heißt es in einer Kritik: „Christliches mischt sich mit Heidnischem, Glaube mit Aberglauben, neben abstruser Sinnlichkeit wohnt, gleichsam nur durch eine Stalltür von ihr getrennt, das Übersinnliche und oft werden beide eins ... Das Stück ist eher ein ‚Stuck', kraftgenialisch hingeworfen, aber mit nur wenigen wirksamen Szenen. Es ist in einer altertümelnden Sprache geschrieben, die man am besten als ‚billingerisch' bezeichnet."[30]) Atmosphäre und vor allem eine überzeugende und effektvolle Rollengestaltung wird man dem Schauspiel auch heute nicht absprechen können.

Kleists Lustspiel „Der zerbrochene Krug" in der Inszenierung von Bertold Viertel war ein umjubelter Höhepunkt der Salzburger Festspiele 1951 und wurde vom Burgtheater nach der Sommerpause übernommen. Eine Inszenierung, von der Zeitzeugen noch heute schwärmen und über die die Kritiker wahrliche Lobeshymnen ergossen. Mit Therese Giehse als einer sehr zungenfertigen, um ihr Recht und ihren Krug kämpfenden Marthe Rull, mit Oscar Homolka als gemächlich verschmitztem Dorfrichter Adam, bei dem „nur in der blitzschnellen Schlagfertigkeit, mit der er in Biedermannsmaske immer neue Lügen ... produziert, ... die schmierige Niedertracht dieses seinen Vorgesetzten immer dienstbeflissen angrinsenden Schurken knistert ...[31]), Inge Konradi als herber, aber liebevoller Eve, Erich Auer als Ruprecht, Elisabeth Neumann als geheimnisvoll wichtigtuerischer Frau Brigitte, Manfred Inger als Schreiber, Otto Schmöle als Veit Tümpel und Alfred Neugebauer, diesem „Gourmand der Episode",[32]) als noblem, etwas blasiertem Gerichtsrat Walter.

Bereits nach dem erwähnten Oktoberstreik 1950 hatten – auch im Gefolge des Kalten Krieges – offene und verdeckte Presseangriffe gegen Viertel begonnen, bei denen sich u. a. Rudolf Holzer und Hans Weigel auf das unrühmlichste hervortaten. So veröffentlichte „Die Presse" einen ebenso gemeinen wie lächerlichen Artikel von Rudolf Holzer, in dem es hieß: „Dem Burgtheater wesensfremd, ja arrogant gegenüberstehende Elemente, denen Sinn und Geist des letzten deutschen Kunsttheaters ... Plunder und Reliquie ist, zerstören den Charakter des Repertoire- und Ensembletheaters. Es ist schon eine Frage, ob es statthaft ... ist, daß Salzburg als Reklame- und Aufwertungsboden für ... ramponierte Regisseure, ... dient ... Der wahre Burgtheaterfreund wird nicht kritiklos egoistische Macht für künstlerisches Recht widerspruchslos hinnehmen."[33])

Im November 1951 hat Rostands „Cyrano von Bergerac" in der Inszenierung von Adolf Rott Premiere. Die 1897 uraufgeführte Verskomödie um den Dichter, Soldaten und Edelmann mit der langen Nase hat auch in den Burgtheateraufführungen eine große Tradition. Diesmal ist Albin Skoda der Cyrano, Judith Holzmeister eine sehr reizvolle und kokette Roxane. Als unantastbarer Klassiker wird dieser „Cyrano" freilich nicht mehr von allen Rezensenten empfunden, in manchen Kritiken ist auch von einem Edelreißer, von Plüschromantik und dergleichen die Rede.

Annemarie Düringer als Inken Peters und Werner Krauß als Geheimrat Clausen in Gerhart Hauptmanns „Vor Sonnenuntergang", 1952

Am 2. Feber 1952 feiert Gerhart Hauptmanns Stück „Vor Sonnenuntergang" in der Inszenierung von Ernst Lothar Premiere, mit Werner Krauß in der Rolle des 70jährigen Geheimrats Clausen, der sich – drei Jahre nach dem Tod seiner Frau – in die 18jährige Inken Peters verliebt und sie heiraten will, aber von seinen erwachsenen Kindern (mit Ausnahme seines jüngsten Sohnes), die um ihr Erbe fürchten, in den Tod gehetzt wird. Inken Peters wird von Annemarie Düringer verkörpert.

Werner Krauß spielte den Geheimrat Clausen bereits bei der Uraufführung 1932, die Max Reinhardt inszeniert hatte. In dieser seinerzeitigen vieraktigen Bühnenfassung – sie wurde von Hauptmann in der Nacht vor der Premiere fertiggestellt – stirbt Clausen, nachdem ihm die Entmündigung angedroht wird, in den Armen seiner jungen Geliebten an einer Herzattacke.

Die im Original fünfaktige Fassung erlebt nun im Burgtheater ihre Uraufführung. In ihr – und das zeigt die Parallelen zu „König Lear" besonders deutlich – verflucht Clausen seine Kinder und vergiftet sich im Gärtnerhaus, während draußen der Sturm tobt.

Im Mai 1952 kommt es dann zur Premiere von Ibsens „Peer Gynt" in der Nachdichtung von Christian Morgenstern mit der Musik von Edvard Grieg und in der Inszenierung von Leopold Lindtberg. Rund 140 Mitwirkende nennt das Aufgebot, mit Attila Hörbiger in der Titelrolle, Hilde Mikulicz als innig-zarter Solveig, Rosa Albach-Retty als Mutter Aase, Alma Seidler als grüngekleidetem Weib, Susi Nicoletti als kätzchenhafter Anitra, Hermann Thimig als skurrilem Dovre-Alter, Theo Lingen als Tollhausvorsteher, Raoul Aslan als fremdem Passagier und Heinz Woester als Knopfgießer. Teo Otto ist der Bühnenbildner des vielverschlungenen dramatischen Kolosses um den abgründigen Phantasten, Träumer, Opportunisten und Versager.

Im November 1952 feiert die Literatur- und Theaterwelt den 90. Geburtstag Gerhart Hauptmanns. Gewissermaßen als Vorgriff darauf bringt das Burgtheater am 27. September die Berliner Tragikomödie „Die Ratten" in der Inszenierung von Berthold Viertel mit Bühnenbildern und Kostümen von Gustav Manker heraus. Und wieder ist von einem überwältigenden Abend im Burgtheater zu berichten. Es spielen: Käthe Dorsch, die in ihrer Besessenheit, die sich geradezu ins Dämonische steigert, eine grandiose Mutter John verkörpert, Ewald Balser als ihr gutmütiger, auch gehemmter Mann, Attila Hörbiger als verkrachter deutschnationaler Theaterdirektor Harro Hassenreuter, der der Wirklichkeit immer davonlaufen will, aber nicht kann, Inge Konradi als einfaches polnisches Dienstmädchen Pauline Piperkarkka, Albin Skoda als Bruno Mechelke, Annemarie Düringer und Heinrich Schweiger als Walburga und Erich Spitta und viele andere. Das Publikum feiert enthusiastisch die Aufführung des Dramas, dessen eigentlicher Held „das Berlin von damals ist, oder vielmehr dieses bestimmte Vorstadthaus, die ehemalige Kaserne mit seinen Menschen und seinen Ratten, wobei die Ratten auch unter den Menschen zu suchen und zu finden sind."[34])

Zu Beginn des Jahres 1953 gibt es dann wiederum eine Shaw-Premiere, und zwar „Der Arzt am Scheideweg". Alfred Kerr hat die Fabel des Stückes in zwei Sätzen hingestreut: „Der Arzt tötet einen Kranken, weil er dessen Frau liebt. Shaws Teufelei: er tötet, indem er die Behandlung einem berühmten Kollegen überläßt ..."[35])

In der Aufführung dieser Komödie, die zu Shaws aggressivsten gehört, spielt Werner Krauß den berühmten Arzt Sir Ridgeon, Judith Holzmeister ist Jennifer, die schöne, begehrenswerte Frau und spätere Witwe des Malers, die den Antrag des heftig verliebten Arztes ausschlägt, nicht etwa, weil er quasi der Mörder ihres Mannes, sondern weil er zu alt ist und sie sich im übrigen bereits wieder verheiratet hat. Dr. Ridgeon muß erkennen, daß er einen „uneigennützigen Mord" begangen hat. Josef Meinrad verkörpert den an Tuberkulose leidenden, hochbegabten Maler Louis Dubedat, der von sich selbst sagt: „Ich glaube nicht an Moral. Ich bin ein Schüler von Bernard Shaw."

Attila Hörbiger als Harro Hassenreuter in „Die Ratten", 1952

Am 28. Febuar 1953 hat Shakespeares „Antonius und Kleopatra" in der Regie Berthold Viertels Premiere. Kleopatra, die große ägyptische Liebeskünstlerin, wird von Käthe Gold gegeben, und sie „spielt schillerndes, flatterndes Weibtum, versengte Sinne: sie ist mehr Weibchen als Weib".[36]) „Ewald Balser ist Marc Anton. Er ist es in jeder Bewegung, in jedem Wort, männlich, kraftvoll, kühn, durch keines Mannes Macht bezähmbar, aber unterworfen der schmalgliedrigen feinfingerigen Gewalt des Eros in Gestalt der Kleopatra."[37]) Das Drama, das aus der Leidenschaft, ja aus der sexuellen Intimität heraus lebt, findet eine großartige psychoanalytische Inszenierung. Viertel hatte manche Stellen neu übersetzt und aktuell idiomatisiert, was freilich einigen Rezensenten etwas zu weit ging: „Wenn sich Antonius per ‚Adieu' verabschiedet, so irritiert das auch nicht gerade dem Historismus ergebene Gemüter."[38])

Einen höchst vergnüglichen Abend bietet Nestroys Zauberposse „Die Träume von Schale und Kern" („Müller, Kohlenbrenner und Sesselträger"), die im Mai 1953 in der Inszenierung von Axel von Ambesser Premiere feiert. Mit Hermann und Hans Thimig und Harry Fuß als

Links: Attila Hörbiger als Nikolaj Iwanowitsch in „Und das Licht scheinet in der Finsternis" von Leo Tolstoi, 1953. Rechts: Fred Hennigs als Balduin Moder in „Traube in der Kelter" von Richard Billinger, 1951

Dritten im Bunde. Wilhelm Heim spielt den Gnomenfürsten Rübezahl und präsentiert sich als wahrer Fregoli, indem er sich ununterbrochen in größter Geschwindigkeit in neue Rollen verwandelt. Und Inge Konradi ist als das Stubenmädchen Nanette ein so richtig reizvolles „Biedermeierfigurl".

Am 24. September 1953 starb Berthold Viertel 68jährig an einem Herzleiden in Wien. Damit wurde das Burgtheater und darüber hinaus die internationale Theater- und Literaturszene um eine wahrhaft legendäre Persönlichkeit ärmer. Ihm selbst, dem „heimatlosen Linken", als der er wiederholt bezeichnet wurde, war es in Wien nicht immer leicht gemacht worden. Zahlreiche der Presseangriffe gegen ihn waren schmählich, nicht zuletzt die von Hans Weigel, den Viertel einmal sehr resolut des Hauses verwiesen hatte, als er unerlaubt einer Probe beiwohnen wollte.[39])

Am 19. Dezember 1953 erlebte Tolstois Drama „Und das Licht scheinet in der Finsternis" mit Paula Wessely und Attila Hörbiger seine Premiere. Die Inszenierung dieses wuchtigen, unvollendet gebliebenen Bühnenwerkes mit der gewaltigen Selbstanklage des großen russischen Dichters war ursprünglich Berthold Viertel zugedacht. Leopold Lindtberg übernahm diese Aufgabe und bewies hierbei großes Einfühlungsvermögen.

Am 3. April 1954 machte Wien mit einem neuen Drama Bekanntschaft, mit Arthur Millers „Hexenjagd". Das Stück, das die historische Hexenverfolgung der schottisch-englischen Puritaner in Massachusetts 1692 zum Inhalt hat, geriet zur faszinierenden Zeitkritik. Arthur Miller, der auch die antikommunistische Hexenjagd des Senators McCarthy treffen wollte und selbst vor dem berüchtigten McCarthy-Ausschuß gestanden hatte, war die Ausreise aus den Vereinigten Staaten nach Wien verweigert worden. Raoul Aslan dankte – wie damals durchaus üblich – vor dem Vorhang im Namen des Autors für den überaus starken Beifall.

Bereits nach dem Tod von Berthold Viertel waren Gerüchte von einer Amtsmüdigkeit Gielens aufgetaucht. In der Pressekonferenz anläßlich der Nominierung von Karl Böhm zum Direktor der Staatsoper im Februar 1954 hatte der neue Leiter der Bundestheaterverwaltung Ministerialrat Ernst Marboe erklärt, daß nun auch die Frage der Direktion des Burgtheaters angegangen werden müsse und gab die Versicherung ab, daß man „eine Diskussion über dieses heikle, komplexe, das ganze Land angehende Problem auf breitester Grundlage und unter Beteiligung aller hiefür fachlich in Frage kommenden Persönlichkeiten in die Wege leiten werde."[40]) Damit erfolgte der Startschuß zum üblichen Nachfolgespiel mit seinem Getratsche und unter Nennung von zahlreichen potentiellen Kandidaten. Letztlich wurde Adolf Rott zum Nachfolger Gielens bestellt, und zwar ausgerechnet zu dem Zeitpunkt, als sich letzterer mit dem Ensemble des Burgtheaters auf einem Gastspiel in Amsterdam befand. Gielen reichte daraufhin seine Demission ein.

Dieser Schritt kam für Informierte nicht völlig überraschend, umso mehr, als Gielen unter der doppelten Amtsbelastung als Burgtheaterdirektor und intensiv tätiger Regisseur litt und die vielen Bürden der administrativen Arbeit als sehr belastend empfand. Die Bestellung Adolf Rotts, gleichsam über seinen Kopf hinweg, bedeutete freilich eine starke Kränkung und Enttäuschung, die Gielen angeblich nie mehr ganz überwinden konnte, ungeachtet der Tatsache, daß er dem Haus weiterhin als Regisseur verbunden blieb.

In die nun bereits ab September 1954 beginnende Ära Rotts fällt gegen Ende des Jahres eine Neuinszenierung von Kleists „Das Käthchen von Heilbronn" mit Johanna Matz in der Titelrolle, wobei die „Arbeiter-Zeitung" in ihrer Besprechung zu einem für uns heute recht merkwürdigen, ja unverständlichen Urteil kommt. Die Rezension beginnt mit einem Vorfall im Publikum: „Auf der Galerie des Burgtheaters hat ... jemand gezischt. Er wurde deshalb von einem Funktionär des Hauses ein Dummkopf genannt. Zu Recht, wenn das Zischen Hannerl Matz galt, die als Käthchen von Heilbronn reizend und lieblich aussah und spielte; zu Unrecht, wenn der Zischer die Aufführung gemeint hat, deren Grund unergründlich ist. Wem mag es wohl eingefallen sein ‚Das Käthchen von Heilbronn' wieder einmal aus der untersten Schublade herauszuholen? ... Die jetzige Neuinszenierung ist die achte im Burgtheater ... Nur, seit der letzten 1942, sind tausend Jahre vergangen ... Auch das läßt einen fragen, was man mit diesem verunglückten Ritterstück heute noch soll."[41])

„Bunbury", Oscar Wildes funkelnde und furiose Täuschungskomödie, hat am 29. Jänner 1955 in der Regie und Übersetzung von Ernst Lothar Premiere. Es wird hiebei als Verbeugung vor dem Haus in seiner ursprünglichen Bestimmung empfunden, als Robert Lindner und Alexander Trojan beschwingt auf die Bühne gesteppt kommen, wie es denn auch noch andere Reverenzen in dieser Hinsicht gibt. Der Rezensent des „Neuen Kuriers" nimmt die Aufführung zum Anlaß, um Betrachtungen über die langersehnte Wiedereröffnung des Hauses am Ring und das baldige Lebewohl der Schauspieler vom Ronacher anzustellen: „Schon jetzt sind sie von den Vorahnungen des Abschieds erfüllt, genießen mit uneingestandener Wehmut die ganz spezifischen Eigenheiten dieser Bühne, die einmaligen Möglichkeiten, die ihnen nur im Ronacher ... geboten werden."[42]) Es war in der Tat so, wie diese Kritik es ausdrückte – bei aller Freude auf das Haus am Ring, befiel doch viele Schauspieler angesichts des bevorstehenden Endes der Ronacherzeit eine leise Melancholie, wohl auch, weil hier unter schwersten Voraussetzungen, inmitten von Not und Zerstörung, glanzvolle Theaterarbeit geleistet worden war.

Johanna Matz als Käthchen, Fred Liewehr als Wetter Graf vom Strahl und Ewald Balser als Theobald Friedeborn in „Das Käthchen von Heilbronn" von Heinrich von Kleist, 1954

Am 5. Mai 1955 begeht die Bundesregierung anläßlich des 150. Todestages des Dichters im Ronacher eine Schillerfeier. Am 9. Mai kommt es zu einer Neuinszenierung von „Kabale und Liebe" durch Adolf Rott. Am 15. Mai findet dann bekanntlich die Unterzeichnung des österreichischen Staatsvertrages statt. Als Leopold Figl mit den vier Außenministern der Signatarstaaten auf den Balkon des Belvedere tritt, darf er unter dem Jubel einer unübersehbaren Menschenmenge endlich verkünden: „Österreich ist frei!"

In die Direktionszeit Adolf Rotts fallen noch zwei aufsehenerregende ausländische Theatergastspiele. Zuerst das des „Piccolo Teatro di Milano" mit 2 Inszenierungen Giorgio Strehlers. Zunächst mit Goldonis „Der Diener zweier Herren", ein Stück, das Strehler als Regisseur immer wieder beschäftigt hat. Die Inszenierung – mit einer Bühne auf der Bühne – hat mittlerweile längst Theatergeschichte gemacht. Und der Arlecchino von Marcello Moretti ist weltbekannt geworden. Seine Szene, wie er in einem Prestissimo non plus ultra beide Herrschaften bedient, mit dem Suppentopf, der Spaghettischüssel, der Bratenplatte von einem zum anderen rast, die Wurst in der Luft auffängt und sich mit dem auf der Schüssel wackelnden Pudding überkugelt, wird wohl unvergeßlich bleiben.

Der zweite Abend ist abermals Goldoni gewidmet, und zwar dem – bei aller Turbulenz – von Melancholie und Resignation erfüllten Spätwerk „Die Trilogie der Sommerfrische". Strehlers Regie wird hierbei von dem Bühnenbildner Mario Chiaris mit seinen verträumten Gartenbalustraden und dem in vielen Farbtönen schillernden Himmel auf das wunderbarste unterstützt.

Das zweite Gastspiel ist das des „Shakespeare Memorial Theatre" aus Stratford-upon-Avon mit „Viel Lärm um nichts" und „König Lear". Abende wie aus einem Guß, von enormer Dichte und unglaublicher Lebendigkeit, ein grandioses Volkstheater, zeitweise grotesk, clownhaft, mit einem Fuß in der Jahrmarktsbude.

Am 30. Juni 1955 fand die letzte Vorstellung des Burgtheaters im Ronacher statt. In diesen Tagen ging jedoch nicht nur eine Epoche des Burgtheaters und damit des Ronachers zu Ende – die Zweite Republik stand an einem ersten Wendepunkt: Im Juli beendete der in der Nachkriegszeit gegründete Sender Rot-Weiß-Rot seine Sendungen, desgleichen endete die „Russische Stunde", die zweimal wöchentlich über Radio Wien zu hören gewesen war, eingeleitet mit dem zackigen Marsch aus der „Liebe zu den 3 Orangen" von Prokofjew. Im August wurde die erste österreichische Fernsehsendung ausgestrahlt. Das kulturelle Antlitz Österreichs begann sich allmählich zu verändern.

Links oben: Judith Holzmeister als Desiree und Heinrich Schweiger als Philipp in „Der Graf von Charolais", 1954. Rechts oben: Judith Holzmeister als Miranda Frayle in „Wegen der Leute" von Noël Coward, 1952. Links unten: Susi Nicoletti als Katharina in „Der Widerspenstigen Zähmung", 1950. Rechts unten: Hilde Mikulicz als Desdemona in „Othello", 1951

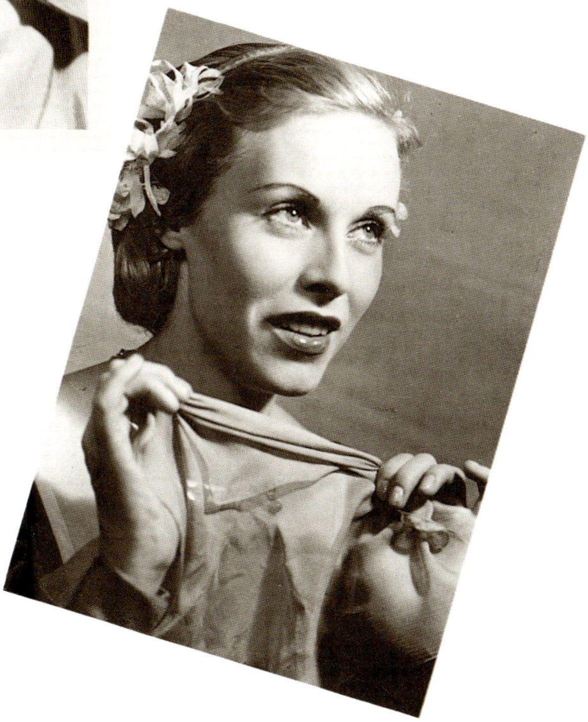

Anmerkungen:

1) Neues Österreich, 3. Mai 1945
2) Die Zweitbühne ist bekanntlich das Akademietheater. Im Oktober kam als dritte Spielstätte noch der Redoutensaal der Hofburg hinzu.
3) Das Kleine Volksblatt, 8. August 1945
4) Neues Österreich, 17. Oktober 1945
5) Weltpresse, 22. Dezember 1945
6) Weltpresse, ebda.
7) Das Kleine Volksblatt, 6. Februar 1946
8) Weltpresse, 6. Februar 1946
9) Arbeiter-Zeitung, 12. März 1946
10) Franz Theodor Csokor: Vorwort. Grundsätzliches zu meinem Stück Kalypso. In: Ders.: Kalypso. Wien 1946
11) Wiener Kurier, 27. Jänner 1946
12) Neues Österreich, 3. Mai 1947
13) Das Kleine Volksblatt, 17. Juni 1947
14) Vgl. Jan Kott: Shakespeare heute. München–Wien 1964
15) Neues Österreich, 3. Dezember 1947
16) Neues Österreich, ebda.
17) Arbeiter-Zeitung, 10. Februar 1948
18) Wiener Tageszeitung 20. Februar 1948
19) Funk & Film 12. März 1948
20) Funk & Film, ebda.
21) Carl Zuckmayer: Als wär's ein Stück von mir, S. 601
22) Ebda., S. 602
23) Heft 15 der „Stimme Österreichs" von 1949, zitiert nach Fred Hennings, Heimat Burgtheater 1938–1971, S. 103 ff.
24) Ebda.
25) Fred Hennings, Heimat Burgtheater 1938–1971, S. 113
26) Neues Österreich, 11. Jänner 1949
27) Fred Hennings, Heimat Burgtheater, S. 109
28) Das Kleine Volksblatt, 25. Dezember 1949
29) Neues Österreich, 22. November 1950
30) Neues Österreich, 19. Juni 1951
31) Wiener Zeitung, 18. September 1951
32) Oskar Maurus Fontana: Wiener Schauspieler von Mitterwurzer bis Maria Eis, S. 276
33) Die Presse, 18. September 1951
34) Aufsatz von Berthold Viertel im Programmheft des Burgtheaters, 27. September 1952
35) Alfred Kerr in: Der Tag, 24. November 1908, entnommen aus: Alfred Kerr, Von der Freien Bühne zum Politischen Theater, Bd. 1, S. 371
36) Neues Österreich, 3. März 1953
37) Arbeiter-Zeitung, 3. März 1953
38) Das Kleine Volksblatt, 3. März 1953
39) Persönliche Mitteilung von Frau Elisabeth Neumann-Viertel an den Autor
40) Zitiert nach Fred Hennings, Heimat Burgtheater, S. 117
41) Arbeiter-Zeitung, 25. Dezember 1954
42) Neuer Kurier, 31. Jänner 1955

XIII. Nochmals Varieté

Dan & Baxen,
die bekannten dänischen
Musicalclowns

Im Sommer 1955 ist Bernhard Labriola wieder in Wien, steht doch schon fest, daß es auch eine dritte Ära seines Namens im Ronacher geben wird. Zuerst muß Labriola freilich Geld in die Renovierung des Hauses stecken, zumal auch die Bühne, die vom Burgtheater vergrößert wurde, für den Varietébetrieb wieder verkleinert werden muß. Aber der bullige Ronacherdirektor ist mit der ihm stets eigen gewesenen Energie und Dynamik am Werk, und am 2. Dezember 1955 ist es dann soweit. Das Ronacher wird festlich wiedereröffnet und bringt getreu seiner Tradition wiederum monatlich wechselnde Programme. Bei der Premiere hat sich viel Prominenz eingefunden, so auch Burgtheaterdirektor Adolf Rott, der seine Reverenz dem Hause gegenüber demonstriert.

Vier Jahre und ein Monat bringen nun noch einmal den Glanz des Varietés, wenngleich nicht mehr so strahlend und so aufregend wie in den zwanziger und dreißiger Jahren. Große Sensationen und Weltstars gibt es nur in Einzelfällen. Aber es sind sehr gute, bisweilen sogar ausgezeichnete Programme, die geboten werden. Etliche Künstler, die schon früher hier aufgetreten sind, kommen wieder, aber es gibt auch viele neue Begegnungen.

Nati Mistral, der aparte spanische Revuestar, sang südamerikanische Tanzlieder und verteilte Orangen und Küsse im Publikum, und Dawlath Soliman, die angebliche Lieblingstänzerin des ehemaligen ägyptischen Königs Faruk, lockte mit ihren Bauchtänzen. Die bildhübschen Hiller-Girls – nicht minder berühmt wie ihre Vorgängerinnen, die Tiller-Girls – bewiesen ihre Vielfältigkeit, zeigten sie doch in ihren Progammen – u. a. eine Girl-Parade, Cancan, Wiener Walzer und einen

Blick in das Publikum bei der Silvestervorstellung im Ronacher 1955

Matrosentanz. Peter Kreuder kam und spielte neben brasilianischen Reminiszenzen einige seiner Evergreens wie „Im Leben geht alles vorüber", „Wenn die Sonne hinter den Dächern versinkt" oder „Sag beim Abschied leise Servus", und so mancher aus dem Publikum summte leise mit.

Und es kamen die Heimgekehrten. Wie etwa der unverwüstliche Hermann Leopoldi mit seiner nunmehrigen Partnerin und Frau Helly Möslein. Gemeinsam interpretierten sie u. a. „In den kleinen Seitengassen, wo sich Mädchen küssen lassen", einen der wohl beliebtesten Schlager der Nachkriegszeit.

Cissy Kraner, die große und temperamentvolle Verwandlungskünstlerin des Cabarets, die gleichzeitig immer unverwechselbar Cissy Kraner bleibt, sang einige Lieder von Hugo Wiener wie „Ich kann den Novotny nicht leiden" oder (nach dem Czardas von Monti) „Ich war ein Quartett", dies als – bei aller Ironie – durchaus auch wehmütige Erinnerung an Engagements in Wels, Gmünd und Krems. Und Hugo Wiener am Klavier lächelte stillvergnügt in sich hinein.

Heinz Conrads, Fritz Muliar, Gunther Philipp, Helmut Qualtinger, Ernst Waldbrunn traten auf, wie auch Ernst Arnold, dem Labriola im August 1944 aus Anlaß der Goebbelschen Theatersperre zugesichert hatte, daß er ihn gleich für das Eröffnungsprogramm nach dem Krieg engagieren werde und natürlich Wort hielt.

Und es kamen Pirron und Knapp, die beiden Vortragskünstler zu Gitarrenbegleitung, deren wienerische Lieder wie „Im Tröpferlbad", das mit stupender, staccatoartiger Virtuosität vorgetragene „Blitzo" – eine herrliche Blödelei über ein Universalmittel –, der „Hausmeister-Rock" und vieles andere mehr dank der Verbreitung im Rundfunk eine enorme Popularität genossen.

Immer wieder finden sich auch Magier in den Programmen, so der aus Port Said stammende Galli-Galli, der mit einer großen Anzahl von Küken manipulierte, weiters Recha, „der Teufel im Frack", eine tempogeladene Illusions-Schau im großen Stil mit sechs Assistenten, der Kartenkünstler und Spiritistenentlarver Allan, der auch als Publizist und Sachverständiger für das Falschspiel bekannt wurde, oder Charly

Eperny, der in der Nachkriegszeit im Großen Konzerthaussaal Zaubersoireen veranstaltet hatte und zu dessen bekanntesten Tricks das Erscheinen zahlreicher Uhren auf verschiedenste Weise sowie farbenwechselnde Krawatten und Westen gehörten. Eperny war aber auch mit seiner Zweitnummer, der prunkvollen chinesischen Zauberschau „Chiang-Fu", an das Ronacher engagiert.

Engagiert waren immer wieder Jongleure, unter ihnen auch Bob Bramson, international weithin bekannt mit seinen Reifen, die ein verblüffendes Eigenleben entwickelten. Was in anderer Weise auch von den 32 Porzellantellern behauptet werden kann, die sein Kollege Bartschelly vorführte und die sich auf den Spitzen langer Stöcke drehten. Artisten verschiedenster Genres kamen, geläufiger oder auch ausgefallener und fast schon vergessener – so gab es mit Pastello etwa wieder einen Sandmaler. Und auch die vierbeinigen Artisten fehlten nicht wie z. B. der Filmschimpanse Bu-Bu, Jonnys Braunbären, die zum Schluß mit einem kleinen Hund eine Szene spielten, oder Moni, der rauchende Elefant, dem aber nicht jede Sorte recht ist, „bevorzugt werden Zigaretten der Österreichischen Tabakregie."[1])

Es kam Werner Kroll, der auch durch Rundfunk, Film und Fernsehen bekannte exzellente Starparodist. Im Gehrock, mit dem verbeulten Hut und dem Kneifer ist er der Liebling des Publikums, das fasziniert

Die Hiller-Girls in einer „Militärparade"

den Stimmen von Zarah Leander, Hans Albers oder Hans Moser, aber auch dem Tenor von Richard Tauber einschließlich des höchsten Flageoletts oder dem Baß von Feodor Schaljapin mit seinen tiefsten Tiefen lauscht. Und es kam nicht zuletzt Roland Sollath, der großartige Stimmen- und Geräuscheimitator, der als der Mann mit „1.000 und einer Stimme" bekannt geworden ist.

Ein willkommener Blick auf die hübschen Beine der Hiller-Girls

Johannes Fehring gastierte auf der Bühne mit seinem großen Tanzorchester und mehreren beliebten Solisten, wie den Sängern Willi Hagara und Gert Türmer und der überaus aparten schwarzhaarigen Maria Morales, die u. a. „Arrivederci Roma" sang. Das – nicht zuletzt durch zahlreiche Fernsehsendungen – bekannte Hazy-Osterwald-Sextett präsentierte Tanzmusik von Glenn Miller bis zu den gerade aktuellen Schlagern, eine Show mit virtuosen und vielseitigen Musikern, und köstlichen Blödeleien. Die dunkelhäutige Leila Negra, fast jedem Radiohörer dieser Zeit durch ihre Schallplatteninterpretationen von „Mach nicht so traurige Augen" oder „Die süßesten Früchte" bekannt, trat auf. Und im Orchestergraben schaltete und waltete das Ronacher-Orchester, das im Laufe dieser Jahre von verschiedenen Dirigenten geleitet wurde, wie z. B. von Norbert Pawlicki oder Rolf Tragau. Und es kamen die steppenden und singenden Lentini Brothers, und ein Rezensent schrieb entzückt, sie rissen „nun mit altem Charme und vollendetem Können ihr Publikum wieder zu endlosen Beifallsausbrüchen hin. Was sie bieten, ist ... so einfallsreich und spitzbübisch-liebenswürdig, daß man ... nur begeistert zustimmen kann."[2])

Links oben: Kalanag mit der „Schwebenden Jungfrau". Rechts oben: Kalanags Revue „SIM-SALA-BIM", Gastspiel im Ronacher 1958. Unten: Kalanag mit Gloria de Vos und einer Python

Im Dezember 1958 kam es dann zum Gastspiel von Kalanag und seiner großen, abendfüllenden, magisch-musikalischen Revue „Rendezvous in Rio. SIM-SALA-BIM". Kalanag gehörte zu jenen legendären Persönlichkeiten, deren Namen zu sprichwörtlichen Begriffen wurden

Ronacher-Plakate 1958

und in die Alltagssprache eingingen. Der Ausspruch „Ich kann ja nicht zaubern!" bekam ein Pendant: *„Ja, bin ich denn der Kalanag?"*

Kalanag, benannt nach der schwarzen Schlange in Rudyard Kiplings „Dschungelbuch", hieß eigentlich Helmut Schreiber und war lange Zeit auch in der Filmbranche tätig, u. a. als Generaldirektor der Bavaria und als Produktionsleiter bei der Tobias-Fox und der UFA. Er wirkte bei den Aufnahmen zu rund 200 Filmen mit. Sein Name wurde zum Inbegriff der Zauberrevue nach dem 2. Weltkrieg, die in zahlreichen Ländern Europas, in Afrika und in den USA gastierte und rund 30 Mitwirkende umfaßte sowie in verschwenderischem Ausmaß Schauelemente einbezog. Viele seiner Tricks wie die Wunder-Bar, die auf Verlangen der Zuschauer alle Arten von Getränken produzierte, das unerschöpfliche Wasser aus Indien und das Verschwinden eines Autos auf offener Bühne bei hellster Beleuchtung und ohne Bedeckung und Versenkung werden wohl unvergeßlich bleiben. Großes Aufsehen erregte freilich auch seine attraktive Partnerin und Frau Gloria de Vos, die aus dem Gedächtnis Telefonnummern aus zahlreichen Weltstädten nennen konnte, angeblich über 80.000.

Zu den Besuchern des Ronachers im Dezember 1958 zählte auch Herbert von Karajan, der eben an der Staatsoper „Das Rheingold" einstudierte und sich mit dem Gedanken einer Zusammenarbeit mit Kalanag trug, um die Verwandlungen Alberichs in Nibelheim möglichst wirkungsvoll zu inszenieren. Zur Zusammenarbeit kam es letztlich nicht, aber die Begegnung zwischen den beiden „Magiern" bildete ausführlichen Gesprächsstoff und veranlaßte die Kabarettisten Gerhard Bronner und Peter Wehle zu einem Couplet „Kalanag und Karajan", und in diesem findet sich folgende Pointe:

Kalanag: „Ich bring' zum Verschwinden glatt ein Kabriolett!"
Karajan: „Bei mir verschwindet das größte Budget!"
Kalanag: „Heute muß man zaubern"
Karajan: „Heute muß man zaubern"

1958 war die Wiener Stadthalle fertiggestellt worden, und im Winter 1959 gastierte hier der Russische Staatscircus, dessen legendärer Ruf die Wiener in großen Scharen in die neue Riesenanlage auf dem Vogelweidplatz lockte. Da die Stadthalle auch weiterhin Circusprogramme präsentieren wollte (und dies bis auf den heutigen Tag ja auch tut),

Links oben: Nati Mistral sang im Weihnachtsprogramm 1956 ein Weihnachtslied. Rechts oben: Die Bauchtänzerin Dawlath Soliman, angeblich die Lieblingstänzerin des ägyptischen Königs Faruk. Unten: Der Schlagersänger Gerhard Wendland mit den Hiller-Girls sandte Labriola im März 1959 ein Telegramm an den amtsführenden Stadtrat für Kultur Hans Mandl mit folgendem Inhalt: „Sollte Stadthalle die beantragte Varietékonzession erhalten, wird das Ronacher umgehend seine Pforten schließen ... Rückgang des Umsatzes durch russischen Zirkus katastrophal ..."

„Die Weltstadt Wien läuft Gefahr, ihr einziges großes Varieté zu verlieren", schrieb der „Samstag"[3]), und ähnlich artikulierten sich auch andere Blätter. Und das war in keiner Weise übertrieben. In der Tat war die Lage schon seit einiger Zeit äußerst prekär geworden, und der Zuschauerraum wies oft eine erschreckende Leere auf. Das galt nicht für die Zauberrevue eines Kalanags, die volle Häuser brachte, aber sehr wohl für das klassische Varietéprogramm. Das Fernsehen war inzwischen als übermächtiger Konkurrent auf den Plan getreten und hatte ein beachtliches Kino- und Theatersterben nach sich gezogen. Autokauf, Hausgeräte und Eigenheim begannen für viele Menschen immer wichtiger zu werden, die Zeit wurde knapper, und all das förderte die kulturelle Immobilität. Eine Entwicklung, die zeitlich mit etlichen Änderungen des Geschmacks und des Publikumsinteresses einherging, der Bruch vollzog sich auch beim Film und einem Großteil der Unterhaltungsmusik.

Das Ende des Varietés (bis auf wenige Ausnahmen und Rudimente) war mehr oder minder eine globale Angelegenheit, es kam für die größeren Häuser ebenso wie für die noch vereinzelt vorhandenen Vorstadtbühnen. Freilich hatte das klassische Varieté schon durch längere Zeit etwas an Drive verloren, der Hang zu einer gewissen Biedermeierlichkeit war nicht ganz zu übersehen. Nur in den ehemals sozialistischen Ländern war es weiterhin eine hochgeschätzte und hochdotierte Institution, die sich nach wie vor eines enormen Publikumszulaufes erfreute.

Im Oktober und November 1959 gastierten die Folies-Bergère im Ronacher und brachten dem Haus stets ausverkaufte Vorstellungen. Für „die große Sexrevue"[4]), wie sie eine Illustrierte stark übertrieben nannte, wurden sogar „Schleichpreise" bezahlt.

Ein verhältnismäßig großer Publikumserfolg war auch das Dezemberprogramm, das – nach einem Nummernteil – die Revue „Sei ein Clown" mit Charlie Rivel und den Lentini Brothers präsentierte.

Das Ende war aber nicht mehr aufzuhalten, das Jännerprogramm 1960 rollte täglich vor fast leerem Hause ab, und per Ende dieses Monats wurde nahezu sämtlichen Arbeitern und Angestellten des Hauses gekündigt. „Das Theatersterben in Wien, das bereits so viele Bühnen vom ‚Spitzhackenmann' hinwegraffen ließ, hat nunmehr auch das Ronacher erfaßt",[5]) schrieb damals ein Journalist, und tatsächlich herrschte über das Schicksal des Hauses völlige Ungewißheit. Am 17. Februar 1960 wurde schließlich auf einer Pressekonferenz mitgeteilt, daß das Ronacher doch gerettet werden könnte und künftighin nicht mehr als Varieté, sondern als Gastspielbühne geführt würde. Wenige Stunden später erlag Bernhard Labriola in seinem Wiesbadener Heim einem Herzinfarkt. Der letzte Vorhang des großen alten Varietés war auch der letzte Vorhang seines großen alten Mannes geworden.

Starparodist Werner Kroll und Hans Moser

Das einzige Gastspiel auf der Gastspielbühne war das der bekannten Tanztruppe Katherine Dunham mit ihrer „Karibischen Rhapsodie". Ein wesentliches Kapitel der Kulturgeschichte Wiens ging damit unspektakulär und leise zu Ende. Das Ronacher, in dem die moderne Unterhaltungskunst ihre ersten Schritte hatte machen dürfen, wurde nun von der Unterhaltungsindustrie für ihre Zwecke okkupiert.

Vom Herbst 1960 bis Februar 1976 logierte der ORF im Ronacher und benutzte es als Studiobühne, wobei etliche Sendungen auch vor Publikum produziert wurden.

Anmerkungen:
1) Programmheft Ronacher, Oktober 1957
2) Das Kleine Volksblatt, 6. März 1956
3) Der Samstag, 21. März 1959
4) Funk & Film, 17. Oktober 1959
5) Neues Österreich, 28. Jänner 1960

Links oben: Das Hazy-Osterwald-Sextett in Aktion. Bandleader Hazy Osterwald hatte die Gruppe, die bald zu Europas Top-Attraktionen zählte, 1949 gegründet. Rechts oben: Helmut Qualtinger bei einem Sketch im Ronacher. Links unten: Hermann Leopoldi am Klavier. Rechts unten: Heinz Conrads

Links oben: Béla Kremo, der populäre „Drei-Sachen-Jongleur". Rechts oben: Peter Kreuder mit dem Schimpansen Bu-Bu. Links unten: Burgtheaterdirektor Adolf Rott und Bernhard Labriola anläßlich der Wiedereröffnung des Ronachers als Varieté am 2. Dezember 1955. Rechts unten: Ernst Arnold und Fritz Imhoff mit einem Nummerngirl

Epilog

Die Jahre von 1976 bis 1985 waren Jahre der Ungewißheit, in denen das Ronacher auch mehrmals vom Abbruch bedroht schien. Die vielen in dieser Zeit zutage tretenden Ideen und Pläne, die zwischen Politikern, Theaterleuten und Finanziers geführten Gespräche über die Rettung des Hauses und seine Wiederverwendung könnten ein eigenes Buch füllen. Hierbei war Wiens Bürgermeister Helmut Zilk einer der maßgeblichen Kämpfer für die Erhaltung und Revitalisierung des Theaters, das glücklicherweise 1985 zur Gänze unter Denkmalschutz gestellt wurde.

In einer Art Zwischensaison kam es vom 22. Mai bis 22. Oktober 1986 zu einer ersten Wiederbespielung in einem – aus baupolizeilichen Gründen – sehr eingeschränkten Rahmen. Hans Gratzer, Leiter und Regisseur des Schauspielhauses, inszenierte die unter Dramaturgen und Regisseuren mit Recht als schwierig verschrieene Johann-Strauß-Operette „Cagliostro in Wien" in Form eines Arenatheaters im leergeräumten Parkettrondell und rief damit eine sehr geteilte, ja teilweise recht negative Resonanz hervor.

Am 15. Oktober 1988 feierte man dann im Ronacher als Übernahme aus dem Theater an der Wien die Premiere von Andrew Lloyd Webbers „Cats". Das auf „Old Possum's Book of Practical Cats" von T. S. Eliot basierende Musical war der große, langjährige Erfolg der Ära Peter Weck, des Intendanten der Vereinigten Bühnen Wiens. Der zärtliche Charme von Mungojerrie und Rumpelteazer und all den anderen liebenswerten und drolligen Katzengeschöpfen brachte etliche Besucher zu wiederholten Malen ins Theater.

In der schließlich bis 1992 dauernden Zwischenperiode kam es aber auch verschiedentlich zu anderen Theaterproduktionen. So etwa im Dezember 1990 – mit 60jähriger Verspätung – zur Uraufführung der Satire mit Musik „Kehraus um St. Stephan" von Ernst Křenek, von dem auch der Text stammt. Das Publikum umjubelte den greisen Komponisten, der in einem Lehnsessel im Zuschauerraum saß.

Im November 1991 gastierte das Théatre Marigny aus Paris mit der in der Seine-Metropole seit langem stürmisch gefeierten Inszenierung des „Cyrano de Bergerac“ durch Robert Hossein und mit Jean Paul Belmondo in der Titelrolle, eine Inszenierung, die in Wien teilweise als altmodisch empfunden wurde. Und so könnte noch etliches andere angeführt werden.

Das Interregnum des Hauses ist zu Ende. Als diese letzten Zeilen geschrieben werden, laufen im Ronacher die Vorbereitungen zu seiner Wiedereröffnung im Oktober 1993 auf Hochtouren.

Der Berliner Kulturunternehmer Peter Schwenkow und sein österreichischer Partner Stefan Seigner wollen als Betreiber an die große Tradition des Hauses in seiner ursprünglichen Form anknüpfen. Schon seit einigen Jahren zeigt sich im deutschsprachigen Raum eine Renaissance des Varietés, nicht stürmisch, aber doch sehr deutlich. Möge es gelingen, durch ein glanzvolles Niveau, aber auch durch ein eigenständiges Profil des Hauses, das Publikum wieder in den Bann des Ronachers zu ziehen.

Auf ein Schlußwort

Die Arbeit am vorliegenden Buch stellte den Autor immer wieder vor das Problem der Auswahl und des Verzichtes. Nur ein kleiner Teil der mir bekannten Namen und Geschehnisse konnte seinen Niederschlag finden. Dies gilt für das Varieté Ronacher, in dem seit seiner Gründung Tausende von Darbietungen präsentiert wurden, ebenso wie für die Kapitel Stadttheater und Burgtheater. Trotzdem hoffe ich, daß es mir einigermaßen gelungen ist, die wechselvolle Geschichte des Hauses, dessen Atmosphäre man sich nach wie vor schwerlich entziehen kann, nachzuzeichnen.

Gerhard Eberstaller

Bibliographie

Felix Adanos – Hans Scheugl: Show Freaks & Monster. Köln 1974
Theodor W. Adorno: Einleitung in die Musiksoziologie. Frankfurt/Main 1962
Alexander Adrion: Die Kunst zu zaubern. Köln 1978
Lisa Appignanesi: Das Kabarett. Stuttgart 1976
Werner Arpe: Knaurs Schauspielführer. München–Zürich 1957
Josephine Baker: Ausgerechnet Bananen. München–Zürich 1978
Joachim E. Berendt: Das große Jazzbuch. Von New Orleans bis Jazz Rock. Frankfurt/Main 1981
Rainer Berg: Varieté. Gutgelaunt durchs Wirtschaftswunder. Hannover 1988
Otto Julius Bierbaum: Stilpe. Ein Roman aus der Froschperspektive. München–Zürich 1982
Max von Boehn: Der Tanz. Berlin 1925
Günter Bose-Erich Brinkmann: Circus. Geschichte und Ästhetik einer niederen Kunst. Berlin 1978
Christian Brandstätter, Günter Treffer u. a.: Stadt Chronik Wien. Wien 1986
Gabriele Brandstetter und Brygida M. Ochaim: Loïe Fuller. Tanz · Licht-Spiel · Art Nouveau. Freiburg im Breisgau 1989
Dieter Breuer (Hrsg.): Walter Hasenclever. 1890–1940. Aachen 1990
Klaus Budzinski: Pfeffer ins Getriebe. So ist und wurde das Kabarett. München 1982
Giovanni Calendoli: Tanz. Braunschweig 1986
Circus Filme. Hrsg. vom Kulturamt/Kommunales Kino Hannover. Hannover 1982
Robert Dachs (Sammlung): Sag beim Abschied ... Wiener Publikumslieblinge in Bild und Ton. (Ausstellungskatalog des Historischen Museums der Stadt Wien 1992)
Frauke Deißner-Jenssen (Hrsg.): Chanson mein Leben. Aus den Erinnerungen großer Interpreten. Berlin 1977
Hermann Dembeck (unter Mitarbeit von Klaus Hallmann): Dressuren und Dompteure. München–Basel–Wien 1966
Franz Doberl: Ein Leben auf der Ringermatte. Wien 1948
Franz Xaver Dworschak: Meister der Manege. Berlin 1943
Gerhard Eberstaller: Zirkus und Varieté in Wien. Wien–München 1974
Gerhard Eberstaller: Circus. Wien–München–Zürich 1976
Franz Endler: Wien zwischen den Kriegen. Wien 1983

Monika Faber (Hrsg.): Tanz Foto. Annäherungen und Experimente. 1880–1940. Wien 1990
Alexander Faris: Jacques Offenbach. Zürich 1982
Eberhard Fechner: Die Comedian Harmonists. Weinheim und Berlin 1988
Festschrift 50 Jahre Wintergarten 1888–1938. Berlin 1938
Hugo Fetting: Von der freien Bühne zum politischen Theater. Drama und Theater im Spiegel der Kritik. Band 1: 1889–1918, Band 2: 1919–1933. Leipzig 1987
Leonhard M. Fiedler und Martin Lang (Hrsg.): Grete Wiesenthal. Die Schönheit der Sprache des Körpers im Tanz. Salzburg–Wien 1985
Lothar Fischer: Tanz zwischen Rausch und Tod. Anita Berber. Berlin 1984
Fle Zi Wi Csà & Co. Die Wiener Operette. (Sonderausstellung des Historischen Museums der Stadt Wien.) Wien 1984 (Ausstellungskatalog)
Oskar Maurus Fontana: Wiener Schauspieler von Mitterwurzer bis Maria Eis. Wien 1948
Oskar Maurus Fontana: Hans Moser. Wien 1965
Egon Friedell: Kulturgeschichte der Neuzeit. München 1931
Walter Fritz: Geschichte des österreichischen Films. Wien 1969
Peter Gay: Erziehung der Sinne. Sexualität im bürgerlichen Zeitalter. München 1986
Geschichte des Films in Österreich (Ausstellung, veranstaltet von der Sektion Film und Fernsehen in der Gewerkschaft Kunst und Freie Berufe). Wien 1966 (Ausstellungskatalog)
Ullrich Gregor – Enno Patalas: Geschichte des Films. München–Gütersloh–Wien 1973
Grock: Grock, ich lebe gern. München 1930
Richard Groner, neu bearbeitet und erweitert von Felix Czeike: Wien wie es war. München–Wien 1965
Bernard Grun: Die leichte Muse. Kulturgeschichte der Operette. München 1961
Bernard Grun: Aller Spaß dieser Welt. München–Wien 1965
Ernst Günther: Geschichte des Varietés. Berlin 1978
Franz Hadamowsky: Wien. Theatergeschichte von den Anfängen bis zum Ende des Ersten Weltkriegs. Wien–München 1988
Hermann Hakel: Wigl Wogl. Kabarett und Varieté in Wien. Wien–Hannover–Bern 1962
Helmut Hanke: Yvette Guilbert. Die Muse vom Montmartre. Berlin 1974
Erik Jan Hanussen: Meine Lebenslinie. München 1988
Hans Hauenstein: Interpreten des Wienerliedes. Wien 1979
Fred Hennings: Ringstraßen-Symphonie. 3 Bände. Wien–München 1963 und 1965
Fred Hennings: Heimat Burgtheater. Bd. 3: Das Haus und meine Wandlungen. Wien-München 1974
Georg Hensel: Spielplan. Schauspielführer von der Antike bis zur Gegenwart. Frankfurt/Main 1975
Reinhard Hippen: Das Kabarett-Chanson. Zürich 1986
Rudolf Holzer (Hrsg.): Wiener Volkshumor. Harfenisten und Volkssänger. Wien 1943
Rudolf Holzer: Die Wiener Vorstadtbühnen. Wien 1951
Helga Ihlau: Das Ronacher als Varietétheater. Ein Kapitel Wiener Theatergeschichte. (Diss.) Wien 1978
Willy Jäggi und Siegfried Melchinger: Harlekin. Bilderbuch der Spaßmacher. Basel 1959
Egon Jameson: Am Flügel: Rudolf Nelson. Berlin 1967
Wolfgang Jansen: Glanzrevuen der zwanziger Jahre. Berlin 1987
Wolfgang Jansen: Das Varieté. Berlin 1990
Ricky Jay: Sauschlau & Feuerfest. Menschen, Tiere, Sensationen des Showbusiness. Offenbach/Main 1988
Kurt Kahl: Die Wiener und ihr Burgtheater. Wien–München 1974
Kalanag. Sein Leben in Essays. Hrsg. vom 1. Wiener Zaubertheater. Wien 1988 (Ausstellungskatalog des Österr. Circus- und Clownmuseums)
Heinz Kindermann: Theatergeschichte Europas. Band VII: Realismus, Band VIII: Naturalismus und Impressionismus (1. Teil), Band IX: Naturalismus und Impressionismus (2. Teil). Salzburg 1965, 1968, 1970
Ervin Kindler und Jean-Pierre Moulin: Eintritt frei Varieté. Lausanne 1963
Verena Keil-Budischowsky: Die Theater Wiens. Hamburg–Wien 1983
Volker Klotz: Bürgerliches Lachtheater. Komödie, Posse, Schwank, Operette. München 1980
Volker Klotz: Operette. Porträt und Handbuch einer unerhörten Kunst. München 1991
Karl Kobald: Johann Strauß. Wien 1925
Josef Koller: Das Wiener Volkssängertum in alter und neuer Zeit. Wien 1931
Franz Peter Kothes: Die theatralische Revue in Berlin und Wien. 1900–1938. Typen, Inhalte, Funktionen. Wilhelmshaven 1977

Jan Kott: Shakespeare heute. München–Wien 1964
Siegfried Kracauer: Von Caligari zu Hitler. Frankfurt/Main 1979
Karl Heinz Kramberg: Der Clown. Marginalien zur Narretei. München 1958
Peter Kreuder: Nur Puppen haben keine Tränen. München–Percha 1971
Dieter Kühn: Josephine. Aus der öffentlichen Biographie der Josephine Baker. Frankfurt/Main 1976
Jewgeni Kusnezow: Der Zirkus der Welt. (Mit einem Teil von Ernst Günther und Gerhard Krause). Berlin 1970
Berthold Lang (Hrsg.): Hokuspokus fidibus. 120 Jahre Wiener Zaubertheater. Wien 1984
Berthold Lang: Zirkus und Kabarett. In: Franz Kadrnoska (Hrsg.): Aufbruch und Untergang. Österr. Kultur zwischen 1918 und 1938. Wien 1981, S. 301–323
Heinrich Laube: Das Wiener Stadttheater. Leipzig 1875
Herbert Lederer: Bevor alles verweht... Wiener Kellertheater 1945–1960. Wien 1986
Alfred Lehmann: Tiere als Artisten. Eine kleine Kulturgeschichte der Tierdressur. Wittenberg Lutherstadt 1956
Ronald Leopoldi und Hans Weiss: In einem kleinen Café in Hernals... Hermann Leopoldi und Helly Möslein. Wien 1992
Franz Litschauer: Kleine österreichische Geschichte. Wien 1961
Rudolph Lothar: Das Wiener Burgtheater. Leipzig–Berlin–Wien 1899
Franz Mailer: Weltbürger der Musik. Eine Oscar Straus-Biographie. Wien 1985
J. Markschiess – van Trix – Bernhard Nowak: Artisten- und Zirkusplakate. Leipzig 1975
Josef Mayerhöfer (Hrsg.): Operette in Wien. Wien 1979 (Ausstellungskatalog des Österreichischen Theatermuseums)
Josef Mayerhöfer (Hrsg.): Tanz. 20. Jahrhundert in Wien. Wien 1979 (Ausstellungskatalog des österreichischen Theatermuseums)
Jörn Merkert (Hrsg.): Zirkus. Circus. Cirque. Berlin–Obertshausen 1978
Heinz Klaus Metzger und Rainer Riehn (Hrsg.): Jacques Offenbach. München 1980
Mistinguett: Mein ganzes Leben. Zürich 1954
Arthur Moeller van den Bruck: Das Varieté. Berlin 1902
George L. Mosse: Nationalismus und Sexualität. Bürgerliche Moral und sexuelle Normen. München–Wien 1985
Asta Nielsen: Die schweigende Muse. Berlin 1977
Gertrude Obzyna: 200 Jahre Burgtheater. Wien 1982
Öst. Circus- und Clownmuseum (Hrsg.): Circus und Varieté in Wien 1918–1938. Wien 1980 (Ausstellungskatalog)
Öst. Circus- und Clownmuseum (Hrsg.): Unterhaltungskunst in Wien um 1900. Wien o. J. (Ausstellungskatalog)
Öst. Circus- und Clownmuseum (Hrsg.): Illusion und optische Täuschung. Wien 1986
Öst. Circus- und Clownmuseum (Hrsg., gemeinsam mit I. Wiener Zaubermuseum): Meister der Magie. Wien 1991 (Ausstellungskatalog)
Rainer Otto und Walter Rösler: Kabarettgeschichte. Abriß des deutschsprachigen Kabaretts. Berlin 1977
Theodor Ottawa: Ronacher. Der Roman eines weltberühmten Wiener Varietés. In: Die große Österreich-Illustrierte. Wien 1959, 1960 (Artikelserie)
Enno Patalas: Stars – Geschichte der Filmidole. Frankfurt/Main–Hamburg 1967
Oskar Pausch (Hrsg.): Viertels Welt. Wien 1988 (Ausstellungskatalog des Österr. Theatermuseums)
Hans Pemmer – Ninni Lackner: Der Wiener Prater einst und jetzt. Wien–Leipzig 1935
Hans Pemmer – Ninni Lackner (neubearbeitet von Günter Düriegl und Ludwig Sackmauer): Der Wiener Prater einst und jetzt. Wien–München 1974
Hugo Portisch – Sepp Riff: Österreich I. Die unterschätzte Republik. Wien 1989. Österreich II. Die Wiedergeburt unseres Staates. Wien 1985. Österreich II. Der lange Weg zur Freiheit. Wien 1986
Marcel Prawy: Johann Strauß. Weltgeschichte im Walzertakt. Wien–München–Zürich 1975
Eberhard Rebling: Ballett A–Z. Berlin 1977
Jack Rennert: 100 Jahre Circus-Plakate. Zürich 1974
Jack Rennert und Walter Terry: Tanz und Ballett. Plakate aus 100 Jahren. Zürich 1976
Charles und Regina Reynolds: Magic Posters. 100 Jahre Zauber-Plakate. Berlin 1976
Joseph Richter: Briefe eines Eipeldauers über d'Wienstadt. (Hrsg. von E. v. Paunel). München 1917
Charlie Rivel: Akrobat schöön. München 1972
Marika Rökk: Herz mit Paprika. Erinnerungen. Frankfurt/Main–Berlin 1988
Phyllis Rose: Josephine Baker oder Wie eine Frau die Welt erobert. Wien-Darmstadt 1990
Hermann Sagemüller: Michael Kara. König der Jongleure. Jongleur der Könige. Baldingen 1973
Signor Saltarino: Fahrend Volk. Leipzig 1895

Hans Rüdiger Schiferer: Die Geschichte des Wiener Stadttheaters. 1872–1884. (Diss.) Wien 1966
Carl E.Schorske: Wien. Geist und Gesellschaft im Fin de siècle. Frankfurt/Main 1982
Lutz Eberhardt Seelig: Ronacher. Die Geschichte eines Hauses. Wien–Köln–Graz 1986
Bartel F. Sinhuber: Zu Gast im alten Wien. München 1989
Ludwig Speidel: Fanny Elßlers Fuß. Wiener Feuilletons. Wien–Köln 1989
Hilde Spiel: Glanz und Untergang. Wien 1866 bis 1938. Wien 1987
Monika Sperr: Das Große Schlager-Buch. München 1978
Fritz Stern: Kulturpessimismus als politische Gefahr. München 1986
Dolf Sternberger. Panorama oder Ansichten vom 19. Jahrhundert. Düsseldorf–Hamburg 1974
Tagebuch der Straße. Geschichte in Plakaten. Hrsg. von der Wiener Stadt- und Landesbibliothek. Wien 1981
Edward R. Tannenbaum: 1900. Die Generation vor dem Großen Krieg. Frankfurt/Main–Berlin–Wien 1978
Jerzy Toeplitz: Geschichte des Films. Band I 1895-1928. Berlin 1992
Traum und Wirklichkeit. Wien 1870–1930 (Sonderausstellung des Historischen Museums der Stadt Wien 1985). (Ausstellungskatalog)
Rudolf Tyrolt: Chronik des Wiener Stadttheaters 1872–1884. Wien 1889
Hans Veigl: Lachen im Keller. Kabarett und Kleinkunst in Wien. Wien 1986
Berthold Viertel: Schriften zum Theater. München 1970
Frank Wedekind: Die Tagebücher. Ein erotisches Leben. Biel–Frankfurt/Main 1986
Erika Weinzierl/Kurt Skalnik (Hrsg.). Österreich 1918–1938. Geschichte der Ersten Republik. Wien–Köln 1983
Rudolf Weys: Cabaret und Kabarett in Wien. Wien–München 1970
Hugo Wiener: Zeitensprünge. Erinnerungen eines alten Jünglings. Wien–München 1991
Robert Wilschke: Im Lichte des Scheinwerfers. Berlin 1941
Gisela und Dietmar Winkler (Hrsg.): Das große Hokuspokus. Aus dem Leben berühmter Magier. Berlin 1985
Gisela und Dietmar Winkler (Hrsg.): Allez hopp durch die Welt. Aus dem Leben berühmter Akrobaten. Berlin 1987
Lutz W. Wolff (Hrsg.): Puppchen, du bist mein Augenstern. Deutsche Schlager aus vier Jahrzehnten. München 1981
Joseph Wulf: Theater und Film im Dritten Reich. Frankfurt/Main–Berlin–Wien 1983
Gerhard Zapff: Vom Flohzirkus zum Delphinarium. Seltene Dressuren der Zirkusgeschichte. Berlin 1977
Johann Ziegler: Das gab's nur einmal... Die Schlager der 20er Jahre. Wien 1987 (Katalog zur Ausstellung der Wiener Stadt- und Landesbibliothek)
Carl Zuckmayer: Als wär's ein Stück von mir. Hamburg 1966

Ferner:
Archiv Gerhard Eberstaller
Archiv Ernst Hausknost (Pressefotograf des Ronachers 1955–1960)
Archiv des Österr. Circus- und Clownmuseums
Historisches Museum der Stadt Wien
Österreichisches Theatermuseum
Wiener Stadtbibliothek, Zeitungsausschnitte und Programmhefte bzw. Plakatsammlung

Register

Register

Bildnachweis

Archiv Gerhard Eberstaller: 35, 39, 47, 49, 50, 53, 54, 59, 61, 67 (Bild oben: Programmheft 1907), 83, 87, 89, 90, 99, 103, 105 (unten), 113 (Photo: Dietrich), 117, 118, 123, 125 (rechts), 127, 131 (unten, aus: Der Stern, Nr. 12, März 1939), 145

Archiv Ernst Hausknost: 128, 184/85, 191, 193, 194, 195 (rechts oben und unten)

Historisches Museum der Stadt Wien: 13, 14, 15, 17, 32, 33, 34, 79 (links)

Postkartenverlag Brüder Kohn KG: 79 (rechts), 122 (oben links bzw. rechts)

Sammlung Karl König: 41

Österr. Circus- und Clownmuseum: 65, 69, 96, 105 (oben), 108, 129, 131 (oben), 133, 136 (Photo: Emil Wacker), 137, 139, 140 (Photo: Emil Wacker), 141, 144, 183, 186 (Photo: Emil Wacker), 187 (Photo: Ernst Hausknost), 188 (Photos: Ernst Hausknost), 195 (links oben, Photo: Friedhelm von Estorff bzw. links unten, Photo: Ernst Hausknost)

Bildarchiv der Österr. Nationalbibliothek: 7, 15 (rechts), 18, 19, 21, 23, 26, 27, 28, 52, 77, 93, 97, 107, 122 (oben Mitte bzw. unten), 133, 147, 152, 153, 155, 163, 166, 167, 170, 171, 173, 175, 176, 179, 181

Österr. Theatermuseum: 24, 29, 43, 51, 56, 57, 71 (links oben und unten), 73, 81, 91, 95, 98, 114, 115, 119

Archiv Bartel F. Sinhuber: 9

Wiener Stadt- und Landesbibliothek (Plakatsammlung): 71 (rechts oben), 189, Rückseite des Schutzumschlages

Verlag und Autor bedanken sich für die freundlichen Abdruckgenehmigungen, insbesondere bei Herrn Prof. Berthold Lang, dem Leiter des Österr. Circus- und Clownmuseums, und bei Herrn Ernst Hausknost, dem Pressephotographen des Ronacher von 1955–1960, für tatkräftige Beratung und Unterstützung.